JIHAD M. ABOU GHOUCHE

Meus primeiros passos no inglês

6ª reimpressão

© 2011 Jihad M. Abou Ghouche

Preparação de texto: Juliane Kaori / Verba Editorial

Capa e projeto gráfico: Paula Astiz

Editoração eletrônica: Laura Lotufo / Paula Astiz Design

Assistente editorial: Aline Naomi Sassaki

Áudio

Locutora: Shirly Gabay

Produtora: jm produção de áudio

Dados Internacionais de Catalogação na Publicação (CIP)
(Câmara Brasileira do Livro, SP, Brasil)

Ghouche, Jihad M. Abou
　　Meus primeiros passos no inglês / Jihad M. Abou Ghouche. — Barueri, SP : DISAL, 2011.

　　ISBN 978-85-7844-078-7

　　1. Inglês - Atividades, exercícios etc. 2. Inglês - Estudo e ensino I. Título.

11-07484　　　　　　　　　　　　　　　　　CDD-420.7

Índices para catálogo sistemático:
1. Inglês : Estudo e ensino 420.7

Todos os direitos reservados em nome de:
Bantim, Canato e Guazzelli Editora Ltda.

Alameda Mamoré 911 – cj. 107
Alphaville – BA ERI – SP
CEP: 06454-040
Tel. / Fax: (11) 4195-2811
Visite nosso site: www.disaleditora.com.br
Televendas: (11) 3226-3111

Fax gratuito: 0800 7707 105/106
E-mail para pedidos: comercial@disal.com.br

Nenhuma parte desta publicação pode ser reproduzida, arquivada ou transmitida de nenhuma forma ou meio sem permissão expressa e por escrito da Editora.

Nota do autor

Caro(a) leitor(a),

Pensei em começar esta nota listando os motivos pelos quais uma pessoa deve aprender a se comunicar em inglês. Desisti. Porque, se o fizesse, teria enchido meia página com clichês.

Em plena era globalizada, e a cada dia mais digitalmente ativa e conectada, imagino que todos já saibam a importância da língua inglesa e o papel que ela assumiu no mundo dos negócios, da ciência, do lazer e da cultura.

Vou então ocupar este espaço para aconselhar e opinar sobre aqueles que querem aprender e querem ser realmente capazes de usar o inglês.

"Mas quem aprende automaticamente não é capaz de usar?!" você pode estar pensando. "Nem sempre" é a minha resposta. Explico o porquê: saber um conteúdo e dominar um conteúdo, a ponto de conseguir usá-lo sem hesitação, são coisas bem diferentes. Muita gente estudou e aprendeu inglês, mas não consegue usá-lo. Acumulou muita informação, sem saber colocá-la em prática. Talvez o que aconteça nesses casos é a falta de paciência para praticar mais o que foi aprendido, ao invés de querer aprender mais, e mais rápido.

Este livro contém o que a maioria das escolas de idiomas oferece, em média, em um ano. Logo, quem for iniciante não deveria tentar completá-lo em dois ou três meses e achar que obterá um bom resultado. É necessário dedicar seu tempo para estudar, aprender e praticar até dominar uma língua estrangeira.

Crie o hábito de estudar semanalmente; a continuidade e a constância são essenciais no processo de aprendizagem. Encontre — e respeite — seu próprio ritmo de assimilação. E não avance para a próxima lição antes de sentir que a atual está "dominada" na ponta do lápis e da língua!

Por fim, espero que este livro contribua para o seu sucesso e o(a) faça chegar aonde quer.

Jihad M. Abou Ghouche

Sumário

Como aprender com este livro — 7

Lição 1 — 9

Passo 1: Pronomes pessoais / presente simples na forma afirmativa — 9
Passo 2: Advérbios de lugar e tempo / dias da semana / lugares na cidade — 17
Passo 3: Presente simples com mais de um verbo na oração / saudações — 22
Passo 4: Presente simples na forma negativa / artigos definido e indefinido — 24
Passo 5: Presente simples na forma interrogativa / palavras interrogativas — 30
Passo 6: Exercícios de conversação e compreensão 1 — 36

Lição 2 — 41

Passo 1: Passado simples na forma afirmativa / verbos regulares e irregulares — 41
Passo 2: Família, parentes e outras pessoas / adjetivos possessivos / caso genitivo — 48
Passo 3: Números de 0 a 99 / números ordinais / meses, estações e datas — 54
Passo 4: Passado simples na forma negativa — 58
Passo 5: Passado simples na forma interrogativa — 61
Passo 6: Exercícios de conversação e compreensão 2 — 64

Lição 3 — 69

Passo 1: Futuro simples na forma afirmativa — 69
Passo 2: Partes do corpo / animais / comidas e bebidas — 72
Passo 3: Números de 100 em diante / números em endereços, dinheiro e outros — 76
Passo 4: Futuro simples na forma negativa — 79
Passo 5: Futuro simples na forma interrogativa — 82
Passo 6: Exercícios de conversação e compreensão 3 — 84

Lição 4 — 89

Passo 1: "Ser" e "estar" no presente nas formas afirmativa, negativa e interrogativa / adjetivos — 89
Passo 2: Pronomes demonstrativos / partes da casa e objetos nela — 97
Passo 3: "Ser" e "estar" no passado nas formas afirmativa, negativa e interrogativa — 100
Passo 4: "Ser" e "estar" no futuro nas formas afirmativa, negativa e interrogativa — 105

Passo 5: "Haver" no presente nas formas afirmativa, negativa e interrogativa / preposições — **109**

Passo 6: Exercícios de conversação e compreensão 4 — **114**

Lição 5 — **119**

Passo 1: Presente e passado contínuo nas formas afirmativa, negativa e interrogativa — **119**

Passo 2: Contáveis e incontáveis / roupas e acessórios — **124**

Passo 3: Verbos modais nas formas afirmativa, negativa e interrogativa — **129**

Passo 4: Pronomes indefinidos / o clima / cores — **134**

Passo 5: As horas / plural dos substantivos / frutas e legumes — **139**

Passo 6: Exercícios de conversação e compreensão 5 — **148**

Respostas dos exercícios com comentários — **153**

Sobre o autor — **183**

Como acessar o áudio — **183**

Como aprender com este livro

Meus primeiros passos no inglês está dividido em cinco lições, estrategicamente elaboradas e ordenadas. A primeira lição não começa (como é de costume) com o famoso verbo *to be*. Ela trata dos verbos comuns no presente. A segunda lição fala sobre os verbos no passado, e a terceira, os verbos no futuro. A quarta lição traz o *to be* nos três tempos verbais, e a quinta lição, a mais densa, ensina seis tópicos importantes de gramática e vocabulário.

Há muito mais conteúdos dos que acima citados, mas a ideia aqui é mostrar a você, leitor(a), que da primeira à última lição, conforme for avançando nos passos, a aceleração e a complexidade vão aumentando. Propositalmente feito assim, a intenção é fazer com que você inicie seus estudos num ritmo apropriado, equilibrado entre a quantidade de informações novas e o tempo necessário para a assimilação das mesmas.

A seguir, algumas orientações que o ajudarão a maximizar seu aproveitamento em cada lição:

- **Não pule etapas**. Comece pela lição 1 e siga os passos na ordem em que estão. Mesmo que um assunto pareça, ou seja, mais interessante para você, tenha paciência de estudar tudo até chegar a ele.

- **Estude as explicações com atenção** e, se possível, ouça diversas vezes o áudio (veja como acessar o áudio na página 183), para assim repetir em voz alta tudo que aprende. Repita em voz alta não só os vocábulos, mas também as frases inteiras dos exercícios.

- **Faça os exercícios sozinho**, sem ajuda, e só consulte as respostas no final do livro, após ter terminado. Observe os comentários que acompanham algumas respostas, eles o ajudarão a entender melhor.

Se possível, sempre que for estudar, **tenha um dicionário bilíngue à mão**. Você poderá usá-lo caso queira empregar uma palavra nova em inglês, ou não souber o significado de uma que está no livro. Além do mais, é bom criar o habito de consultar um dicionário, isso ajudará você a expandir seu vocabulário.

Lição 1

Passo 1

Pronomes Pessoais
Presente Simples na Forma Afirmativa

Uma das primeiras coisas que se deve aprender ao estudar uma língua nova são os pronomes. Como dizer "eu", "você", "ela" etc. é fundamental para se construir orações, tanto na escrita como na fala.

Seu primeiro passo, então, é aprender os pronomes em inglês. Veja, a seguir, a lista dos *subject pronouns*, os pronomes pessoais, com seus equivalentes em português.

SUBJECT PRONOUNS

I: eu
You: tu, você
He: ele
She: ela
It: ele ou ela (quando for se referir a um objeto ou um animal)
We: nós
You: vós, vocês (perceba que, em inglês, para dizer "você" ou "vocês" usa-se a mesma palavra)
They: eles ou elas

🎧 Ouça a faixa 1 e repita os pronomes em voz alta.

Para entender e saber usar, pense: para que servem os pronomes? Em qualquer idioma, o pronome pessoal é usado para indicar o sujeito da frase.

Na maioria das vezes, iniciamos frases com eles.

9

Exemplos:

He loves chocolate! (**Ele** ama chocolate!)
They live in Canada. (**Eles** moram no Canadá.)

Usamos um pronome pessoal também para substituir o nome de alguém ou algo que já foi mencionado anteriormente.

Exemplo:

Pedro trabalha numa loja. **Pedro** começa às 8 e trabalha até as 5 da tarde. Depois **Pedro** vai para casa...

Ao invés de dizer "Pedro" tantas vezes, pode-se substituir o nome pelo pronome "ele".

Em inglês, é a mesma coisa: ao invés de repetir um nome várias vezes, você pode e deve usar os pronomes pessoais.

Exemplo:

Pedro works in a store. **He** starts at eight and works until five in the afternoon. Then **he** goes home...

PRATIQUE E FIXE!

Vamos ver se você entendeu e já sabe usar os *subject pronouns*.

Neste exercício, você deve substituir os substantivos sublinhados por um dos *subject pronouns*. Não se preocupe em entender toda a frase, esse não é o foco agora. O que você estará treinando agora é apenas o que acabou de aprender. O primeiro item está feito como exemplo.

✎ EXERCÍCIO 1

1. <u>Roberta</u> is my friend. = **She** is my friend.
2. <u>Paulo</u> works for Google. = _____ works for Google.
3. <u>Mario and Peter</u> live in Italy. = _____ live in Italy.
4. <u>The* car</u> is new. = _____ is new.

(* "the" é o único artigo definido em inglês e equivale a "o", "a", "os" e "as" em português. Você aprenderá mais detalhes ainda nesta lição.)

5. <u>Marcia and I</u> work on weekends. = _____ work on weekends.
6. <u>The books</u> are cheap. = _____ are cheap.
7. <u>The boy</u> likes cartoons. = _____ likes cartoons.
8. <u>Jacqueline and Micheli</u> are sisters. = _____ are sisters.
9. <u>You and Andreia</u> can stay with us. = _____ can stay with us.
10. <u>The cat</u> is under the couch. = _____ is under the couch.

✎ EXERCÍCIO 2

Neste exercício, vamos misturar português e inglês, o que é comum para quem está começando a aprender. O objetivo do exercício é checar se você realmente já sabe os *subject pronouns* e como usá-los.

É o seguinte: em uma situação na qual você está se expressando por escrito ou oralmente, qual pronome você usaria para se referir à(s) seguinte(s) pessoa(s) ou coisa(s)?

Exemplo:
Se quero me referir ao <u>meu avô</u> usaria: **he**

1. à minha professora: _____
2. aos turistas: _____
3. a uma árvore: _____
4. ao meu pai: _____
5. a uma pessoa à minha frente: _____
6. a quatro pessoas à minha frente: _____
7. ao Carlos: _____
8. à Isabela? _____
9. ao Carlos e à Isabela juntos? _____
10. a várias canetas? _____

✎ EXERCÍCIO 3

Para finalizar a fixação dos *subject pronouns*, escreva aqui, sem consultar as páginas anteriores, os oito pronomes e seus equivalentes em português.

SIMPLE PRESENT (PRESENTE SIMPLES)

Agora que você aprendeu bem os pronomes, vamos às palavras tão importantes quanto os pronomes na formação das orações: os verbos.

Os verbos em inglês aparecem após o sujeito da frase, de forma similar ao português.

A grande diferença (e aqui vem uma ótima notícia) é que em inglês praticamente não há conjugação! Em português, quando se quer usar o verbo "comer", por exemplo, ele deve ser conjugado de acordo com o sujeito:

Eu como
Tu comes / Você come
Ele come
Ela come
Nós comemos
Vós comeis / Vocês comem
Eles / Elas comem

E isso segue com praticamente todos os verbos em português.

Já em inglês é muito mais fácil. O verbo no presente não se altera, a não ser com a terceira pessoa do singular, ao qual você deve acrescentar "**s**" ou "**es**" em casos especiais que serão comentados mais adiante.

Então, em inglês, conjuga-se o verbo "to eat" (comer) no presente assim:

I eat: eu como
You eat: você come
He eats: ele come
She eats: ela come
It eats: ele / ela come
We eat: nós comemos
You eat: vocês comem
They eat: eles / elas comem

🎧 Ouça a faixa 2 e repita a conjugação do verbo "to eat" em voz alta.

É ou não é muito fácil?!
É assim que funcionam centenas de verbos no presente.

O USO DO SIMPLE PRESENT

Usa-se o *simple present* para expressar uma ação habitual, algo que é verdade para o momento, um fato ou uma verdade universal.

A seguir, uma lista com alguns verbos muito usados no dia a dia.

Perceba que, para indicar que o verbo está no infinitivo, ou seja, que está "sozinho" (sem conjugação), em inglês ele aparece com "to".

É assim também que você vai encontrar os verbos quando consultar um dicionário bilíngue.

Então no infinitivo o verbo trabalhar é "to work". Conjugado no presente fica assim:

I work: eu trabalho
You work: você trabalha
He works: ele trabalha
She works: ela trabalha
It works: ele / ela trabalha
We work: nós trabalhamos
You work: vocês trabalham
They work: eles / elas trabalham

LIST OF VERBS (VERBOS NO INFINITIVO)

to eat: comer
to drink: beber
to live: morar
to work: trabalhar
to study: estudar
to go: ir
to talk: conversar
to speak: falar
to have: ter
to sleep: dormir
to need: precisar
to want: querer
to believe: acreditar
to stay: ficar
to do: fazer
to read: ler
to come: vir
to close: fechar
to open: abrir
to sell: vender
to wear: vestir
to walk: caminhar
to run: correr
to watch: assistir
to listen to: escutar
to like: gostar de
to love: amar
to hate: odiar
to send: enviar
to see: ver
to hear: ouvir
to call: chamar / ligar / telefonar
to know: saber
to ask: perguntar

to answer: responder
to find: encontrar
to forget: esquecer
to remember: lembrar
to cook: cozinhar
to sing: cantar
to buy: comprar
to arrive: chegar
to think: pensar
to wait: esperar
to meet: conhecer / encontrar
to get up: levantar
to understand: entender
to travel: viajar
to give: dar
to receive: receber

♫ Ouça a faixa 3 e repita os verbos sem "to" em voz alta.

Como você já viu, a conjugação dos verbos no presente em inglês é muito fácil, você só deve prestar atenção com a terceira pessoa no singular: *he*, *she* e *it*, ou sujeitos na frase que equivalem a um deles. Com eles os verbos devem ser conjugados acrescentando-se um "**s**".

Exemplo: to drink = beber

I drink: eu bebo
You drink: você bebe
He drink**s**: ele bebe
She drink**s**: ela bebe
It drink**s**: ele / ela bebe
We drink: nós bebemos
You drink: vocês bebem
They drink: eles / elas bebem

15

Em casos em que os verbos terminam com **-s**, **-ch**, **-sh**, **-o**, ou **-z** deve-se acrescentar "**es**" ao verbo.

Exemplos:
he kiss**es**: ele beija
she watch**es**: ela assiste
he fish**es**: ele pesca
she go**es**: ela vai
it buzz**es**: ele / ela zumbe

PRATIQUE E FIXE!

 EXERCÍCIO 4

Sabendo que em inglês "escrever" é "**to write**", como então você diz:

1. eu escrevo: _____
2. você escreve: _____
3. ele escreve: _____
4. ela escreve: _____
5. ele / ela (objeto / uma máquina) escreve: _____
6. nós escrevemos: _____
7. vocês escrevem: _____
8. eles / elas escrevem: _____

AMPLIE SEUS CONHECIMENTOS!

 EXERCÍCIO 5

Experimente ampliar seus conhecimentos usando outros recursos além deste livro. Consulte um dicionário bilíngue ou pesquise na internet como se diz em inglês os seguintes verbos:

1. dirigir: _____
2. comprar: _____

3. abrir: _____

4. levantar: _____

5. escrever: _____

Conseguiu?! Percebeu como um dicionário é útil e fácil de usar? Agora que sabe como os verbos são conjugados no presente, pegue o verbo "dirigir" em inglês e conjugue-o:

6. eu dirijo: _____

7. você dirige: _____

8. ele dirige: _____

9. ela dirige: _____

10. nós dirigimos: _____

11. vocês dirigem: _____

12. eles / elas dirigem: _____

🎧 Ouça a faixa 4 e repita os cinco novos verbos e a conjugação do verbo "to drive" em voz alta.

Passo 2

Advérbios de lugar e tempo, dias da semana, lugares na cidade

Até aqui, você já deve ser capaz de dizer / escrever em inglês duas palavras importantíssimas que iniciam qualquer frase ativa: o sujeito + o verbo.

I work: Eu trabalho
He lives: Ele mora
We study: Nós estudamos

O próximo passo é você aprender a acrescentar palavras que lhe permitam formular frases que expressam informações mais completas. <u>Advérbios de lugar e tempo</u> são um bom começo: em casa, no trabalho, todos os dias, de manhã etc.

Para usá-los você também vai precisar aprender algumas preposições em inglês: **in**, **on** e **at**.

Infelizmente não se pode decorá-las pela simples tradução, isso porque as três podem ter o mesmo significado dependendo do uso.

O jeito, então, é aprender tudo isso aos poucos mesmo.

ADVERBS OF PLACE (ADVÉRBIOS DE LUGAR)

Para se referir aos três lugares principais do dia a dia usa-se "**at**":

at home: em casa
at work: no trabalho
at school: na escola ou **at college**: na faculdade

para os demais lugares usa-se "**in a**" ou "**in the**":

in a = em um / em uma (lugar não específico)
in the = no / na (lugar específico)

in a restaurant = em um restaurante (qualquer um, não se sabe qual)
in the restaurant = no restaurante (aquele que eu e meu(s) interlocutor(es) sabemos qual é)

in a hotel = em um hotel
in the hotel = no hotel

LIST OF PLACES (LISTA DE LUGARES)

house: casa
school: escola
college: faculdade
university: universidade

building: prédio
office: escritório
store: loja
shop: loja
hospital: hospital
drugstore: farmácia
police station: delegacia
bookstore: livraria
library: biblioteca
hotel: hotel
hostel: albergue
mall: shopping center
super market: supermercado
bakery: padaria
gas station: posto de gasolina
bus stop: ponto de ônibus
bus station: rodoviária
airport: aeroporto
post office: correio
church: igreja
mosque: mesquita
synagogue: sinagoga
downtown: centro
avenue: avenida
street: rua
block: quadra
bridge: ponte
phone booth: cabine telefônica
town: cidade pequena
city: cidade
state: estado
country: país
world: mundo

🎧 Ouça a faixa 5 e repita os advérbios de lugar e a lista de lugares em voz alta.

ADVERBS OF TIME (ADVÉRBIOS DE TEMPO):

in the morning: de manhã
in the afternoon: de tarde
in the evening: de noite
at night: à noite
every day: todos os dias
every week: todas as semanas
every month: todos os meses
every year: todos os anos
tomorrow: amanhã
yesterday: ontem
every other day: dia sim dia não
now: agora
later: depois
on weekdays: nos dias úteis
on weekends: nos fins de semana

DAYS OF THE WEEK (DIAS DA SEMANA)

Importante: os dias da semana são sempre escritos com a primeira letra maiúscula.

on Monday: na segunda
on Tuesday: na terça
on Wednesday: na quarta
on Thursday: na quinta
on Friday: na sexta
on Saturday: no sábado
on Sunday: no domingo

🎧 Ouça a faixa 6 e repita os advérbios de tempo e os dias da semana em voz alta.

PRATIQUE E FIXE!

Agora, vamos juntar os três primeiros passos desta lição. Formular frases com sujeito, um verbo, um advérbio de lugar e / ou tempo.

Exemplos:
I work every day. (Eu trabalho todos os dias.)
He opens the store on weekends. (Ele abre a loja nos finais de semana.)
They eat in the kitchen at night. (Eles comem na cozinha à noite.)

É claro que seu vocabulário ainda é pequeno, mas você pode e deve se utilizar de recursos como dicionários e a internet para ampliá--lo e praticar bastante para fixar o que aprende.

EXERCÍCIO 6

Como dizer estas frases em inglês?

1. Eu como carne todos os dias.

2. Você fala inglês bem.

3. Ele vende carros.

4. Ela trabalha de manhã.

5. Nós dormimos cedo nos dias de semana.

6. Vocês estudam inglês nas terças e quintas.

7. Eles precisam de dinheiro.

Após fazer o exercício e conferir as respostas, ouça a faixa 7 e repita as frases em inglês em voz alta.

Passo 3
Presente simples com mais de um verbo na oração / saudações

SIMPLE PRESENT COM MAIS DE UM VERBO NA ORAÇÃO

Muitas frases são feitas com mais de um verbo.

Exemplo:
Eu gosto de chocolate. (1 verbo)
Eu gosto de morar aqui. (2 verbos)

Perceba que, em português, conjuga-se o primeiro verbo de acordo com o sujeito. Já o segundo verbo aparece no infinitivo.

Exemplos:
Nós queremos assistir a um filme.
Ela precisa ir agora.

Em inglês, é a mesma coisa: o segundo verbo também aparece no infinitivo. E como é o verbo no infinitivo em inglês? Com "to".

Exemplos:
We **want to watch** a movie. (Nós queremos assistir a um filme.)
She **needs to go** now. (Ela precisa ir agora.)

PRATIQUE E FIXE!

 EXERCÍCIO 7

Em inglês "querer" é "**to want**", "ir" é "**to go**", então, "eu quero ir" é "**I want to go**". Seguindo o exemplo e com os verbos a seguir, como dizer em inglês as pequenas frases abaixo?

to want (querer)
to need (precisar)
to like (gostar de)
to go (ir)
to sleep (dormir)
to stay (ficar)

1. Eu quero dormir: _____
2. Você quer ir: _____
3. Ele precisa ficar: _____
4. Ela gosta de ir: _____
5. Eu gosto de ficar: _____
6. Eles querem dormir: _____
7. Nós queremos ir: _____
8. Vocês gostam de ficar: _____

🎧 Após fazer o exercício e conferir as respostas, ouça a faixa 8 e repita as frases em inglês em voz alta.

GREETINGS (SAUDAÇÕES)

Hello: Oi
Hi: Olá
Good morning: Bom dia
Good afternoon: Boa tarde
Good evening: Boa noite (para chegada)
Good night: Boa noite (para despedida)
How are you?: Como você está?
How have you been?: Como tem estado?
How do you do?: Como vai?
I am fine, thanks: Estou bem, obrigado
I am OK: Estou bem
I am not OK: Não estou bem
I am not feeling well: Não estou me sentindo bem

🎧 Ouça a faixa 9 e repita as saudações em voz alta.

Passo 4
Presente simples na forma negativa / artigos definido e indefinido

SIMPLE PRESENT – NEGATIVE FORM
(PRESENTE SIMPLES NA FORMA NEGATIVA)

Quando se está começando a aprender inglês e se deseja falar uma oração negativa, por exemplo, "Eu não trabalho aos sábados.", a primeira coisa que vem à cabeça é fazer assim:

I not work on Saturdays.

Porém, isso está errado. Mas por quê?

Se **não** = **not**, por que não se pode simplesmente dizer:
I <u>not</u> live alone. (Eu <u>não</u> moro sozinho.) ?

A resposta é a seguinte: em inglês no *simple present*, para formar frases negativas você precisará de um <u>verbo auxiliar</u>. Como o nome já diz, ele auxilia a definir a oração como <u>negativa</u>.

No *simple present* há dois auxiliadores: **don't** e **doesn't**. O primeiro é usado com: *I, you, we* e *they*. O segundo, com a terceira pessoa do singular: *he, she* ou *it*.

Então fica assim:
I **don't** live: Eu não moro
You **don't** live: Você não mora
He **doesn't** live: Ele não mora
She **doesn't** live: Ela não mora
It **doesn't** live: Ele / ela (animal) não mora
We **don't** live: Nós não moramos
You **don't** live: Vocês não moram
They **don't** live: Eles / elas não moram

🎧 Ouça a faixa 10 e repita as pequenas frases negativas em voz alta.

Atenção! Lembra-se do "s" ou "es" acrescentados ao verbo quando usado com *he, she* ou *it* nas frases afirmativas? <u>Eles somem nas frases negativas</u>. Então, preste atenção:

(+) He live**s** alone. (Ele mora sozinho.)
(–) He **doesn't** live alone. (Ele não mora sozinho.)

PRATIQUE E FIXE!

Vamos ver se você aprendeu!

✎ EXERCÍCIO 8

Como dizer em inglês:

1. Eu não bebo.

   _____

2. Você não bebe.

   _____

3. Ele não bebe.

   _____

4. Ela não bebe.

   _____

5. Ele / Ela (animal) não bebe.

   _____

6. Nós não bebemos.

   _____

7. Vocês não bebem.

   _____

8. Eles não bebem.

   _____

🎧 Após fazer o exercício e conferir as respostas, ouça a faixa 11 e repita as frases negativas em voz alta.

✎ EXERCÍCIO 9

Lembra-se das frases que você traduziu para o inglês no exercício 6? Pois bem, aqui estão elas novamente, mas agora todas elas negativas. Traduza-as e depois compare-as com a forma afirmativa no exercício 6:

1. Eu não como carne todos os dias.

2. Você não fala inglês bem.

3. Ele não vende carros.

4. Ela não trabalha de manhã.

5. Nós não dormimos cedo nos dias de semana.

6. Vocês não estudam inglês nas terças e quintas.

7. Eles não precisam de dinheiro.

🎧 Após fazer o exercício e conferir as respostas, ouça a faixa 12 e repita as frases negativas em voz alta.

✎ EXERCÍCIO 10

Reescreva as seguintes frases na forma negativa:

Exemplo:
They like Italian food.
They **don't** like Italian food.

1. We work on weekends.

   _____

2. He sleeps early.

   _____

3. Paul speaks four languages.

   _____

4. I see my mother every day.

   _____

5. My sister cooks well.

   _____

THE ARTICLES (OS ARTIGOS)

DEFINITE ARTICLES (ARTIGOS DEFINIDOS)

Em português os artigos definidos são:

"o" e "a" (singular, masculino e feminino):

Exemplos:
O homem.
A casa.

"os" e "as" (plural, masculino e feminino):

Exemplos:
Os carros.
As garotas.

Em inglês só há um artigo definido: "**the**", não importa se o substantivo é masculino ou feminino, se está no plural ou singular.

The man: o homem
The house: a casa
The cars: os carros
The girls: as garotas

O USO DO "THE"

Não se usa o artigo definido "the" com nomes próprios ou com substantivos acompanhados de pronomes possessivos, como se faz em português.

Exemplos:
O Marcos não estuda aqui: **Marcos doesn't study here.**
(ERRADO: **The** Marcus doesn't study here.)

A minha mãe gosta de ler: **My mother likes to read.**
(ERRADO: **The** my mother likes to read.)

Há outros casos em que em português usamos o artigo, e não no seu equivalente em inglês. Você verá mais exemplos ao longo das próximas lições, especialmente nos exemplos.

INDEFINITE ARTICLES (ARTIGOS INDEFINIDOS)

São dois os artigos indefinidos em inglês: "**a**" (um, uma) e "**an**" (um, uma).
Mas se a tradução dos dois é igual, por que existem dois?
Simples: toda vez que a palavra com a qual você quer usar um artigo começar com uma vogal, use "**an**". Use "**an**" também com palavras iniciadas com "h" quando este for mudo.

Exemplos:
an island: uma ilha
an egg: um ovo
an oven: um forno
an apple: uma maçã
an ugly car: um carro feio
an umbrella: um guarda-chuva
an hour: uma hora
an honor: uma honra

Usa-se "**a**" com qualquer palavra que comece com uma letra que não tenha som de vogal:

Exemplos:
a car: um carro
a house: uma casa
a door: uma porta
a poor man: um pobre homem
a week: uma semana
a number: um número
a university: uma universidade (nesta palavra a letra "u" tem som de "y")

🎧 Ouça a faixa 13 e repita os exemplos em voz alta.

PRATIQUE E FIXE!

Vamos ver se você aprendeu!

✎ EXERCÍCIO 11

Complete com **a** ou **an**:

1. I need _____ answer now.
2. He studies in _____ good school.
3. They stay in _____ old house.
4. We send _____ e-mail every day.
5. You have _____ son!

🎧 Após fazer o exercício e conferir as respostas, ouça a faixa 14 e repita os exemplos em voz alta.

Passo 5
Presente simples na forma interrogativa / palavras interrogativas

SIMPLE PRESENT – INTERROGATIVE FORM
(PRESENTE SIMPLES NA FORMA INTERROGATIVA)

Você já deve ter percebido há muito tempo que, em português, a mesma frase dita na afirmativa e na interrogativa tem as mesmas palavras e na mesma ordem. A diferença na escrita fica na pontuação, e na fala, na entonação.

Exemplo:
Afirmativa: Ela tem filhos.
Interrogativa: Ela tem filhos?

Em inglês isso nunca acontece. Jamais uma frase afirmativa tem as mesmas palavras e/ou estão posicionadas na mesma ordem que a frase interrogativa. No caso do *simple present*, o que indica que a sentença é uma interrogativa são os auxiliares "**Do**" e "**Does**" colocados no início das frases.

Usa-se "**Do**" com *I*, *you*, *we* e *they*.
Usa-se "**Does**" com *he*, *she* e *it*.

Então você afirma assim:
You need help. (Você precisa de ajuda.)
He lives downtown. (Ele mora no centro.)

E interroga assim:
Do you need help? (Você precisa de ajuda?)
Does he live downtown? (Ele mora no centro?)

Veja exemplos com todos os pronomes:

Do I need...? Eu preciso...?
Do you need...? Você precisa...?
Does he need...? Ele precisa...?
Does she need...? Ela precisa...?
Does it need...? Ele / ela (objeto / animal) precisa...?
Do we need...? Nós precisamos...?
Do you need...? Vocês precisam...?
Do they need...? Eles / elas precisam...?

♫ Ouça a faixa 15 e repita os exemplos em voz alta.

PRATIQUE E FIXE!

Vamos ver se você aprendeu!

✎ EXERCÍCIO 12

Como dizer as seguintes frases em inglês:

1. Você come carne todos os dias?

   _____

2. Você fala inglês?

   _____

3. Ele tem um carro ?

   _____

4. Ela trabalha de manhã?

   _____

5. Nós temos café?

   _____

6. Vocês estudam na terça?

   _____

7. Eles precisam de dinheiro?

   _____

🎧 Após fazer o exercício e conferir as respostas, ouça a faixa 16 e repita as frases interrogativas em voz alta. Capriche na entonação!

✎ EXERCÍCIO 13

Reescreva as seguintes frases na forma interrogativa.

Exemplos:
They read magazines.
Do they read magazines?

1. I have to wear a uniform.

2. She calls every night.

3. You remember the story.

4. It closes at midnight.

5. You want to stay.

6. Amir sings well.

7. Jacqueline runs fast.

8. Isabela and Rafael come by car.

9. They hate Mondays.

10. I speak fast.

🎧 Após fazer o exercício e conferir as respostas, ouça a faixa 17 e repita as frases interrogativas em voz alta. Não esqueça a entonação!

QUESTION WORDS (PALAVRAS INTERROGATIVAS)

What: o que / qual
Where: onde
When: quando
Who: quem
Why: por que
Which: qual – quando uma escolha deve ser feita entre algumas opções
Whose: de quem
What time: a que horas
How: como
How many: quantos / quantas
How much: quanto / quanta
How old: qual idade
How often: com que frequência
How far: qual distância

🎧 Ouça a faixa 18 e repita as *question words* em voz alta.

As *question words* são usadas para obter informações mais específicas. Podem aparecer sozinhas, como nos exemplos a seguir:

a) — **Michael will bring the papers.** (Michael trará os papéis.)
b) — **When?** (Quando?)
a) — **Tonight.** (Esta noite.)

Ou para formar perguntas mais elaboradas. Exemplo:

a) — **Where does your brother live?** (Onde seu irmão mora?)

Atenção! É comum para quem está começando a aprender inglês, ao formular perguntas com uma palavra interrogativa, se <u>esquecer de usar o verbo auxiliar</u> e, sem ele, a pergunta não está correta.

Isso acontece por causa da comparação com o português, mesmo que involuntariamente. Se a pergunta em português é feita com três palavras, a tendência é tentar formular a mesma pergunta em inglês com o mesmo número de palavras. Isso também é conhecido como "tradução ao pé da letra". Observe a seguir os exemplos certos e errados.

Quero dizer: "Onde você mora?"
ERRADO: "**Where you live?**"
CERTO: "**Where do you live?**"

A frase interrogativa acima está errada porque falta o auxiliar "**do**". Você aprendeu isso na lição 1, passo 5, que uma pergunta no presente simples com verbos comuns deve ter "**do**" ou "**does**".

Então, pense assim: "Onde / você mora?", como se a pergunta fosse feita de duas partes.

Onde: **Where**
você mora?: **do you live?**
Onde você mora? = **Where do you live?**

Outros exemplos:

Quero dizer: "Por que ela trabalha nos domingos?"
Por que = **Why**
ela trabalha nos domingos? = **does she work on Sundays?**
Por que ela trabalha nos domingos?
Why does she work on Sundays?

Quero dizer: "Quantas irmãs você tem?"
Quantas irmãs= **How many sisters**
você tem? = **do you have?**
Quantas irmãs você tem?
How many sisters do you have?

Só há uma exceção: quando a palavra interrogativa faz o papel do sujeito do verbo. Neste caso não se usa o verbo auxiliar. Isso geralmente ocorre com "who" (quem).

Exemplos:

Who wants chocolate? (Quem quer chocolate?)

Who remembers the name of the movie? (Quem lembra o nome do filme?)

PRATIQUE E FIXE!

Vamos ver se você aprendeu!

✎ EXERCÍCIO 14

Escreva estas perguntas em inglês:

1. O que você quer?

2. Onde ele estuda?

3. Quando eles ligam?

4. Quem mora lá?

5. Por que você estuda à tarde?

6. Qual livro você precisa?

7. Como ela vai para o trabalho?

8. Quantos jornais você lê?

9. Quanto açúcar você quer?

10. Com que frequência ele liga?

🎧 Após fazer o exercício e conferir as respostas, ouça a faixa 19 e repita as frases interrogativas em voz alta.

Passo 6
Exercícios de conversação e compreensão 1

✏ **EXERCÍCIO 15**

🎧 Exercício 15 – faixa 20

O objetivo deste exercício é simular uma conversação na qual você é o interlocutor. Você interagirá com a voz da faixa.

Há duas maneiras de fazer este exercício: A e B. Para qualquer uma das alternativas, procure dar <u>respostas completas</u>, assim forçará o hábito de falar mais e consequentemente ganhará fluência.

<u>Modo A (recomendado para iniciantes)</u>:

1. Responda às perguntas por escrito.
2. Ouça a faixa 20 e, com o livro aberto, recite suas respostas.
3. Feche o livro, ouça mais uma vez a faixa 20 e responda novamente às mesmas perguntas. Seja espontâneo, não precisa respondê-las exatamente como da primeira vez.

<u>Modo B</u>:

1. Apenas leia as perguntas do livro para ter uma ideia do que tratam.
2. Feche o livro. Ouça a faixa 20 e, com o livro fechado, responda às perguntas oralmente.

1. **Do you live alone?** (Você mora sozinho?)

2. **Do you work on Saturdays?** (Você trabalha nos sábados?)

3. **Do you read the newspaper every day?** (Você lê o jornal todos os dias?)

_____

4. **Do you like to buy clothes?** (Você gosta de comprar roupas?)

_____

5. **Do you want to travel on Friday?** (Você quer viajar na sexta?)

_____

6. **Where do you live?** (Onde você mora?)

_____

7. **What do you drink in the morning?** (O que você bebe de manhã?)

_____

8. **When do you study English?** (Quando você estuda inglês?)

_____

9. **How many sisters do you have?** (Quantas irmãs você tem?)

_____

10. **Who do you go to work with?** (Com quem você vai para o trabalho?)

_____

EXERCÍCIO 16

Exercício 16 – faixa 21

Neste exercício, vamos inverter a situação em relação ao anterior. Aqui você praticará conversação fazendo o papel de quem pergunta. Observe as respostas a seguir e elabore uma pergunta para cada uma delas.

1. _____ ?
   Yes, I eat meat. (Sim, eu como carne.)
2. _____ ?
   No, I don't drink beer. (Não, eu não bebo cerveja.)
3. _____ ?
   No, I don't have a motorcycle. (Não, eu não tenho uma motocicleta.)

4. _____ ?

I like to go to the beach on Sundays. (Eu gosto de ir à praia nos domingos.)

5. _____ ?

I walk to work. (Eu caminho para o trabalho.)

✎ EXERCÍCIO 17

🎧 Exercício 17 – faixa 22

O objetivo deste exercício é treinar seu ouvido para o inglês. Para <u>falar bem</u>, é fundamental <u>entender bem</u>. Você vai ouvir dez frases (faixa 22) com o vocabulário que você aprendeu nesta lição. Complete as frases com as palavras que estão faltando. Se necessário, ouça a faixa mais de uma vez.

1. **I** _____ **coffee in the morning.**
2. _____ **lives alone.**
3. **They** _____ **English.**
4. **Do you work** _____ _____ ?
5. **Does** _____ _____ **to read?**
6. **Where** _____ _____ _____ ?
7. _____ **do** _____ _____ ?
8. _____ _____ _____ _____ .
9. _____ _____ _____ ?
10. _____ _____ _____ .

✎ EXERCÍCIO 18

🎧 Exercício 18 – faixa 23

Este é mais um exercício de compreensão auditiva. Escute as dez frases e marque (✗) a correspondente correta em português.

1. a. ( ) Eu como pão.
   b. ( ) Eu bebo café.

2. a. ( ) Ele trabalha no sábado.
   b. ( ) Ela trabalha no domingo.
3. a. ( ) Nós queremos dinheiro.
   b. ( ) Nós precisamos de dinheiro.

4. a. ( ) Eles assistem TV à noite.
   b. ( ) Eles assistem TV à tarde.

5. a. ( ) Onde você mora?
   b. ( ) Onde você trabalha?

6. a. ( ) O que ela lê?
   b. ( ) O que ela gosta de ler?

7. a. ( ) Eu gosto de gastar.
   b. ( ) Eu não gosto de gastar.

8. a. ( ) John não vende carros.
   b. ( ) John não compra carros.

9. a. ( ) Mary adora correr de manhã.
   b. ( ) Mary adora caminhar de manhã.

10. a. ( ) Eu gosto de escutar música.
    b. ( ) Eu gosto de estudar música.

Lição 2

Passo 1

Passado simples na forma afirmativa / verbos regulares e irregulares

SIMPLE PAST (PASSADO SIMPLES)

O *simple past* é usado para expressar uma ação que acontece num tempo definido no passado. Equivale ao pretérito perfeito em português.

Os verbos no *simple past* são divididos em duas categorias: os regulares e os irregulares. É chamado de verbo regular qualquer um cujo passado é formado acrescentando-se "**d**" ou "**ed**" ao final do mesmo.

Exemplos de verbos regulares:
work (trabalhar) → **worked**
dance (dançar) → **danced**

Já os irregulares são verbos cujo passado geralmente tem a ortografia diferente do infinitivo, no mínimo em uma letra, ou então é exatamente igual. Em outras palavras, qualquer verbo ao qual o passado não é acrescentado "ed", é irregular.

Exemplos de verbos irregulares:
see (ver) → **saw**
go (ir) → **went**
drink (beber) → **drank**
put (colocar) → **put**

Neste momento você deve estar pensando: "O passado em inglês vai ser muito difícil, como eu vou saber quando um verbo é regular ou irregular?". Resposta a essa dúvida: não tem como saber apenas olhando para o verbo no infinitivo. O único jeito é ir conhecendo, vendo e aprendendo.

Agora a boa notícia: não há conjugação no *simple past*. Depois que você estuda e conhece a forma que um verbo assume no passado, essa forma é usada com todos os pronomes.

Exemplo:
O passado do verbo "**need**" é "**needed**", então:
I **needed**: eu precisei
You **needed**: você precisou
He **needed**: ele precisou
She **needed**: ela precisou
It **needed**: ele / ela precisou
We **needed**: nós precisamos
You **needed**: vocês precisaram
They **needed**: eles / elas precisaram

É ou não é fácil?!

Veja outro exemplo com um verbo irregular.
O passado de "**go**" (ir) é "**went**":
I **went**: eu fui
You **went**: você foi
He **went**: ele foi
She **went**: ela foi
It **went**: ele / ela foi
We **went**: nós fomos
You **went**: vocês foram
They **went**: eles / elas foram

Então, basta você estudar e memorizar apenas a forma no passado do verbo que você quer usar (só existe um mesmo!) e depois aplicá-lo a qualquer sujeito nas frases afirmativas.

A seguir uma lista de alguns verbos úteis e suas formas no passado:

LIST OF REGULAR VERBS (LISTA DE VERBOS REGULARES)

Forma simples	Passado
(trabalhar) **work**	worked
(morar) **live**	lived
(estudar) **study**	studied
(jogar, brincar) **play**	played
(precisar) **need**	needed
(querer) **want**	wanted
(ligar, chamar) **call**	called
(gostar) **like**	liked
(amar) **love**	loved
(odiar) **hate**	hated
(assistir) **watch**	watched
(perguntar) **ask**	asked
(responder) **answer**	answered
(conversar) **talk**	talked
(abrir) **open**	opened
(fechar) **close**	closed
(lembrar) **remember**	remembered
(tentar) **try**	tried
(ficar) **stay**	stayed
(cozinhar) **cook**	cooked
(começar) **start**	started
(terminar) **finish**	finished
(usar) **use**	used
(chorar) **cry**	cried
(chegar) **arrive**	arrived
(esperar) **wait**	waited
(viajar) **travel**	traveled
(receber) **receive**	received
(ouvir) **listen**	listened
(ajudar) **help**	helped

Importante! Com verbos terminados em "y" precedidos de uma vogal, apenas acrescente "**ed**". Porém, se o verbo terminar em "y" e, antes dele há uma consoante, então o "y" vira "**i**" para depois acrescentar-se "**ed**".

Exemplos:
play → play**ed**
stay → stay**ed**
try → tr**ied**
study → stud**ied**

🎧 Ouça a faixa 24 e repita os verbos e suas formas no passado em voz alta.

LIST OF IRREGULAR VERBS (VERBOS IRREGULARES)

Forma simples	Passado
(comer) **eat**	ate
(beber) **drink**	drank
(ir) **go**	went
(falar) **speak**	spoke
(ter) **have**	had
(dormir) **sleep**	slept
(fazer) **do**	did
(ler) **read**	read
(escrever) **write**	wrote
(vestir) **wear**	wore
(ver) **see**	saw
(saber) **know**	knew
(esquecer) **forget**	forgot
(comprar) **buy**	bought
(vender) **sell**	sold
(obter) **get**	got
(levar) **take**	took
(dirigir) **drive**	drove
(achar) **find**	found
(vir) **come**	came
(sentir) **feel**	felt

(fazer) **make** — made
(nadar) **swim** — swam
(vencer) **win** — won
(pensar) **think** — thought
(conhecer) **meet** — met
(levantar) **get up** — got up
(entender) **understand** — understood
(dar) **give** — gave
(colocar) **put** — put

Ouça a faixa 25 e repita os verbos irregulares em voz alta.

PRATIQUE E FIXE!

EXERCÍCIO 19

Agora que sabe que não há conjugação no *simple past*, o que você deve fazer é estudar e praticar os verbos mais comuns, de uso diário, e suas formas no passado. Se você souber o passado de tal verbo, não importa com qual sujeito será usado, ele será o mesmo para todos.

Como dizer estas pequenas frases em inglês?

1. Eu trabalhei ontem.

2. Nós trabalhamos ontem.

3. Ele respondeu.

4. Eles responderam.

5. Eu fui.

6. Eles foram.

45

7. Julia dormiu.

8. Robert e Anna dormiram.

9. Eu venci.

🎧 Após fazer o exercício e conferir as respostas, ouça a faixa 26 e repita em voz alta as frases curtas no *simple past*.

✏ EXERCÍCIO 20

Se o passado do verbo "**write**" (escrever) é "**wrote**", como se diz em inglês:

1. Eu escrevi.

2. Você escreveu.

3. Ele escreveu.

4. Nós escrevemos.

5. Vocês escreveram.

6. Eles escreveram.

Se o passado do verbo "**finish**" (terminar) é "**finished**", como se diz em inglês:

7. Eu terminei.

8. Você terminou.

9. Ele terminou.

10. Nós terminamos.

11. Eles terminaram.

🎧 Após fazer o exercício e conferir as respostas, ouça a faixa 27 e repita as frases curtas em voz alta.

Importante! Estes são alguns advérbios de tempo que normalmente acompanham orações no *simple past*:

Yesterday: ontem
Last week: semana passada
Last Saturday: sábado passado
Last month: mês passado
Last year: ano passado
Two hours ago: duas horas atrás
Five days ago: cinco dias atrás
Ten years ago: dez anos atrás
in 1995*: em 1995
in 2009*: em 2009
* Você aprenderá como falar anos e datas na lição 3.

🎧 Ouça a faixa 28 e repita os advérbios de tempo em voz alta.

PRATIQUE E FIXE!

 EXERCÍCIO 21

Como dizer estas frases em inglês?

1. Eu comecei ontem.

2. Você falou bem ontem à noite.

_____

3. Ele ligou na terça passada.

_____

4. A Micheli comprou o livro ano passado.

_____

5. Nós viajamos para a Itália três anos atrás.

_____

6. Eles conversaram semana passada.

_____

🎧 Após fazer o exercício e conferir as respostas, ouça a faixa 29 e repita as frases em voz alta.

Passo 2

Família, parentes e outras pessoas / adjetivos possessivos / caso genitivo

FAMILY, RELATIVES AND OTHERS (FAMÍLIA, PARENTES E OUTROS)

grandparents: avós
grandfather: avô
grandmother: avó
grandson: neto
granddaughter: neta
parents: pais
father: pai
mother: mãe
son: filho
daughter: filha
children: filhos (ambos os sexos)
brother: irmão

sister: irmã
relatives: parentes
uncle: tio
aunt: tia
cousin: primo / prima
husband: marido
wife: esposa
man: homem
woman: mulher
boyfriend: namorado
girlfriend: namorada
fiancé: noivo
fiancée: noiva
boy: menino
girl: menina
neighbor: vizinho
friend: amigo
person: pessoa
kid: criança
child: criança
people: pessoas
human being: ser humano

🎧 Ouça a faixa 30 e repita em voz alta.

POSSESSIVE ADJECTIVES (ADJETIVOS DE POSSE)

Os *possessive adjectives* são as palavras usadas para indicar a quem pertence alguém ou algo que, em inglês, são mais fáceis que em português, isso porque não têm gênero nem singular e plural. Por exemplo, em português dizemos:

a. <u>meu</u> pai – singular masculino
b. <u>minha</u> mãe – singular feminino
c. <u>meus</u> primos – plural masculino
d. <u>minhas</u> tias – plural feminino

Em inglês ficam assim:

a. **my** father
b. **my** mother
c. **my** cousins
d. **my** aunts

Muito fácil, não é?!

Veja a seguir todos os *possessive adjectives* e suas respectivas equivalências:

My: meu(s), minha(s)
Your: seu(s), sua(s)
His: dele
Her: dela
Its: dele / dela (quando se refere a um objeto ou animal)
Our: nosso(s), nossa(s)
Your: vosso(s), vossa(s)
Their: deles / delas

Importante! Em inglês os *possessive adjectives* aparecem sempre antes dos substantivos.

Fique atento, pois em português isso não acontece. Veja os exemplos a seguir:

My house: **minha** casa
Your house: **sua** casa
His house: casa **dele**
Her house: casa **dela**
Its house: casa **dele** / **dela**
Our house: **nossa** casa
Your house: **vossa** casa
Their house: casa **deles** / **delas**

Não se esqueça então: em português é comum dizer: "A casa **dele**...". Em inglês fica assim: "**His** house...", ou seja, os adjetivos possessivos sempre aparecem na frente dos substantivos.

🎧 Ouça a faixa 31 e repita em voz alta.

PRATIQUE E FIXE!

Vamos ver se você aprendeu!

✎ EXERCÍCIO 22

"Comida" em inglês é "**food**", então como dizer:

1. Minha comida: _____
2. Sua comida: _____
3. Comida dele: _____
4. Comida dela: _____
5. Comida dele (animal): _____
6. Nossa comida: _____
7. Vossa comida: _____
8. Comida deles / delas: _____

🎧 Após fazer o exercício e conferir as respostas, ouça a faixa 32 e repita em voz alta.

GENITIVE CASE (CASO GENITIVO)

Outra maneira de expressar posse além dos *possessive adjectives* é com o *genitive case* ('s). Para formar o caso genitivo basta acrescentar " 's " ao possuidor, sendo ele ou ela uma pessoa ou um animal. Para você entender melhor veja os seguintes exemplos:

Para dizer:
"O cabelo da menina é longo."

É possível, e correto dizer:
The hair of the girl is long.

Mas é muito mais comum ver e ouvir os nativos de língua inglesa usarem o *genitive case*:
The girl**'s** hair is long.

Entenda:
Na frase, "**girl**" é a possuidora, ela é a dona do "**hair**".

Outro exemplo:
"A casa de Samya é bonita."

Samya é a possuidora, então é a ela que o " **'s** " é acrescentado:
Samya**'s**

Logo após o nome / substantivo com " **'s** " vem o que, ou quem, pertence a ele / ela.
A casa de Samya = **Samya's house**

O livro do aluno = **The student's book**
A prima do André = **Andre's cousin**

Atenção! Se for usar o *genitive case* com um substantivo no plural que termine em "s", acrescente apenas o apóstrofo (**'**) .

Exemplo:
O ônibus dos turistas = **The tourists' bus.**

Usa-se o *genitive case* apenas com pessoas ou animais. Com objetos use a construção "**of the**" (de, da, do).

Exemplo:
A porta do carro = The door **of the** car.

PRATIQUE E FIXE!

Vamos ver se você aprendeu!

 EXERCÍCIO 23

Utilizando o vocabulário dado a seguir, construa as pequenas frases usando o *genitive case* (**'s**) ou "**of the**" (apenas para objetos).

wallet: carteira
teacher: professor
dog: cachorro
man: homem
pen: caneta
food: comida
money: dinheiro
house: casa
baby: bebê
color: cor

1. O dinheiro do homem.

2. A carteira da Paula.

3. A comida do cachorro.

4. A casa do Omar.

5. A caneta do professor.

6. A casa do gato.

7. A comida do bebê.

8. A janela da casa.

9. A cor da carteira.

10. A filha de Jack.

🎧 Após fazer o exercício e conferir as respostas, ouça a faixa 33 e repita as pequenas frases em voz alta.

Passo 3

Números de 0 a 99 / números ordinais / meses, estações e datas

Nesta parte da lição você aprenderá os números de 0 a 99. Os demais, de 100 em diante, só na lição 3. A ideia ao dividi-los em duas partes é para lhe dar a chance de praticar e realmente aprendê-los, sabendo-os tanto na escrita como oralmente.

0 – **zero**	11 – **eleven**	40 – **forty**
1 – **one**	12 – **twelve**	50 – **fifty**
2 – **two**	13 – **thirteen**	60 – **sixty**
3 – **three**	14 – **fourteen**	70 – **seventy**
4 – **four**	15 – **fifteen**	80 – **eighty**
5 – **five**	16 – **sixteen**	90 – **ninety**
6 – **six**	17 – **seventeen**	
7 – **seven**	18 – **eighteen**	
8 – **eight**	19 – **nineteen**	
9 – **nine**	20 – **twenty**	
10 – **ten**	30 – **thirty**	

Primeiro, treine bem a pronúncia de 0 a 10. Depois, de 11 a 19. Perceba que, de 13 a 19, a pronúncia é quase a mesma de 3 a 9, mais a terminação "**-teen**" que, por sinal, significa "adolescente" em inglês. Faça essa associação!

Agora perceba que para os números 20, 30, 40... 90 é acrescentada a terminação "**-ty**".

🎧 Ouça a faixa 34 e repita os números em voz alta.

Atenção! De 21 a 99, na escrita, você deve usar <u>hífen</u> entre os números.

Exemplos:
21 = **twenty-one**
35 = **thirty-five**
86 = **eighty-six**

PRATIQUE E FIXE!

Vamos ver se você aprendeu!

✎ EXERCÍCIO 24

Escreva os seguintes números por extenso:

1. 74 = _____
2. 63 = _____
3. 40 = _____
4. 28 = _____
5. 95 = _____
6. 37 = _____
7. 52 = _____
8. 81 = _____
9. 39 = _____
10. 20 = _____

Após fazer o exercício e conferir as respostas, ouça a faixa 35 e repita os números em voz alta.

ORDINAL NUMBERS (NÚMEROS ORDINAIS)

First: primeiro – é simbolizado assim: 1st
Second: segundo – é simbolizado assim: 2nd
Third: terceiro – é simbolizado assim: 3rd
Fourth: quarto – é simbolizado assim: 4th
Fifth: quinto – é simbolizado assim: 5th
Sixth: sexto – é simbolizado assim: 6th
Seventh: sétimo – é simbolizado assim: 7th
Eighth: oitavo – é simbolizado assim: 8th
Ninth: nono – é simbolizado assim: 9th
Tenth: décimo – é simbolizado assim: 10th

Atenção! Perceba que apenas o 1º (1st), 2º (2nd) e 3º (3rd) são diferentes em suas terminações. Os demais usam sempre "th". Isso valerá sempre. Então:

15º é fifteenth – 15th
24º é twenty-fourth – 24th

Porém:

21º é twenty-first – 21st
32º é thirty-second – 32nd
53º é fifty-third – 53rd

🎧 Ouça a faixa 36 e repita os números ordinais em voz alta.

MONTHS AND SEASONS OF THE YEAR
(MESES E ESTAÇÕES DO ANO)

January: janeiro
February: fevereiro
March: março
April: abril
May: maio

June: junho
July: julho
August: agosto
September: setembro
October: outubro
November: novembro
December: dezembro

month: mês
year: ano
season: estação

summer: verão
autumn ou **fall:** outono
winter: inverno
spring: primavera

🎧 Ouça a faixa 37 e repita em voz alta.

DATES (DATAS)

Em português, estamos acostumados a dizer o dia e depois o mês quando falamos em datas. Em inglês, o comum é dizer primeiro o mês, e depois o dia, e este vem representado em números ordinais.

Exemplos:
December 10th – 10 de dezembro
May 6th – 6 de maio
November 1st – 1º de novembro
July 23rd – 23 de julho

PRATIQUE E FIXE!

Vamos ver se você aprendeu!

✎ EXERCÍCIO 25

Escreva as seguintes datas em inglês:

1. 7 de março: _____
2. 14 de outubro: _____
3. 25 de janeiro: _____
4. 19 de abril: _____
5. 2 de dezembro: _____
6. 31 de maio: _____
7. 28 de fevereiro: _____
8. 1º de agosto: _____
9. 3 de junho: _____
10. 16 de setembro: _____

🎧 Após fazer o exercício e conferir as respostas, ouça a faixa 38 e repita as datas em voz alta.

Passo 4

Passado simples na forma negativa

SIMPLE PAST – NEGATIVE FORM
(PASSADO SIMPLES NA FORMA NEGATIVA)

Você se recorda como fez o negativo do *simple present* (lição 1, passo 4)? Você precisou usar verbos auxiliares.

No *simple present*, os verbos auxiliares para a formação de frases negativas são o "**don't**" e "**doesn't**".

No *simple past*, também precisa-se de um auxiliar para formar frases negativas. Esse auxiliar é o "**didn't**".

Então, antes de seguirmos adiante, não esqueça:
"**don't**" e "**doesn't**" são auxiliares do presente. São dois porque "*he*", "*she*" e "*it*" usam "doesn't";
"**didn't**" é o auxiliar do passado, para todos os pronomes.

Atenção:

Afirmativa:
I worked **yesterday.** (Eu trabalhei ontem.)
Negativa:
I didn't work yesterday. (Eu não trabalhei ontem.)

Afirmativa:
She went home in the morning. (Ela foi para casa de manhã.)
Negativa:
She didn't go home in the morning. (Ela não foi para casa de manhã.)

Percebeu o que acontece com o verbo nas frases negativas? Ele volta para a forma simples (infinitivo sem "to").

Quando estiver se expressando no *simple past* e precisar usar uma frase negativa, use:

didn't + verbo no infinitivo sem "to"

Então para dizer afirmando:
Eu joguei: **I played**
Você bebeu: **You drank**
Ele estudou: **He studied**
Nós vimos: **We saw**

Já na forma negativa:
Eu não joguei: **I didn't play.**
Você não bebeu: **You didn't drink**
Ele não estudou: **He didn't study**
Nós não vimos: **We didn't see**

Para você entender melhor e não esquecer, pense assim: o auxiliar "**didn't**" é exclusivo do *simple past*, portanto, como é usado para esse objetivo, ele sozinho já é suficiente para indicar que a ação "não aconteceu" no passado:

PRATIQUE E FIXE!

Vamos ver se você aprendeu!

EXERCÍCIO 26

As seguintes frases estão na forma afirmativa. Reescreva-as na forma negativa.

1. **I watched the news yesterday.** (Eu assisti ao noticiário ontem.)

2. **Carlos lived in Germany.** (Carlos morou na Alemanha.)

3. **They bought a new car.** (Eles compraram um carro novo.)

4. **We ate pizza last night.** (Nós comemos pizza ontem à noite.)

5. **My brother finished his book.** (Meu irmão terminou seu livro.)

6. **I called Tarek on Monday.** (Eu liguei para o Tarek na segunda.)

7. **You won.** (Você venceu.)

8. **Her boyfriend had money.** (O namorado dela tinha dinheiro.)

9. **They closed the store.** (Eles fecharam a loja.)

10. **I forgot.** (Eu esqueci.)

♫ Após fazer o exercício e conferir as respostas, ouça a faixa 39 e repita as frases negativas em voz alta.

✎ EXERCÍCIO 27

Pense rápido: como se diz *"Eu fui"*?
E *"eu não fui"* ?

Eu fui: **I went**
Eu não fui: **I didn't go**

1. Eu gostei: _____
   Eu não gostei:_____
2. Ele perguntou: _____
   Ele não perguntou: _____
3. Eles moraram: _____
   Eles não moraram: _____
4. Ela escreveu: _____
   Ela não escreveu: _____
5. Você pensou: _____
   Você não pensou: _____

♫ Após fazer o exercício e conferir as respostas, ouça a faixa 40 e repita as pequenas frases em voz alta.

Passo 5

Passado simples na forma interrogativa

SIMPLE PAST – INTERROGATIVE FORM
(PASSADO SIMPLES NA FORMA INTERROGATIVA)

O auxiliar que forma frases interrogativas no *simple past* é o **"did"**, que é exclusivo, quer dizer, só aparece no passado. Portanto, quando é utilizado, o verbo fica na forma simples (no infinitivo sem "to").

Então, para dizer:
Ele morou na Europa. (afirmativa)
He lived in Europe.

Já para perguntar:
Ele morou na Europa? (interrogativa)
Did he live in Europe?

Observe outros exemplos:

They went by car. (Eles foram de carro.)
Did they go by car? (Eles foram de carro?)

Michael stayed home. (Michael ficou em casa.)
Did Michael stay home? (Michael ficou em casa?)

PRATIQUE E FIXE!

Vamos ver se você aprendeu!

✎ EXERCÍCIO 28

As seguintes frases estão na forma afirmativa. Reescreva-as na forma interrogativa:

1. **You worked last Saturday.** (Você trabalhou sábado passado.)

2. **Nasser remembered the story.** (Nasser lembrou da história.)

3. **Your sister sold her car.** (Sua irmã vendeu o carro dela.)

4. **They got married.** (Eles se casaram.)

5. **I opened the wrong door.** (Eu abri a porta errada.)

6. **She needed help.** (Ela precisou de ajuda.)

7. **Isabela had a blue car.** (Isabela tinha um carro azul.)

8. **We studied unit five.** (Nós estudamos a unidade cinco.)

9. **You used my computer.** (Você usou meu computador.)

10. **They saw you there yesterday.** (Eles viram você lá ontem.)

Após fazer o exercício e conferir as respostas, ouça a faixa 41 e repita as perguntas em voz alta.

EXERCÍCIO 29

Para dizer "*Ele trabalhou*", frase afirmativa, usa-se o verbo no passado: "**He worked**". Já na interrogativa, "*Ele trabalhou?*", o verbo volta para o infinitivo: "**Did he work?**".

Siga o exemplo para traduzir as seguintes frases:

1. Você respondeu: _____
   Você respondeu?: _____
2. Eles choraram: _____
   Eles choraram?: _____
3. Rafael dormiu: _____
   Rafael dormiu?: _____
4. Nós vencemos: _____
   Nós vencemos?: _____
5. Ela falou: _____
   Ela falou?: _____

Após fazer o exercício e conferir as respostas, ouça a faixa 42 e repita as pequenas frases em voz alta.

Passo 6
Exercícios de conversação e compreensão 2

✎ EXERCÍCIO 30

🎧 Exercício 30 – faixa 43

O objetivo deste exercício é simular uma conversação na qual você é o interlocutor. Você interagirá com a voz da faixa.

Há duas maneiras de fazer este exercício: A e B. Para qualquer uma das alternativas, procure dar respostas completas, assim forçará o hábito de falar mais e consequentemente ganhará fluência.

Modo A (recomendado para iniciantes):

1. Responda às perguntas por escrito.
2. Ouça a faixa 43 e, com o livro aberto, recite suas respostas.
3. Feche o livro, ouça mais uma vez a faixa 43 e responda novamente às mesmas perguntas. Seja espontâneo, não precisa respondê-las exatamente como da primeira vez.

Modo B:

1. Apenas leia as perguntas do livro para ter uma ideia do que tratam.
2. Feche o livro. Ouça a faixa 43 e, com o livro fechado, responda às perguntas oralmente.

1. **Did you work yesterday?** (Você trabalhou ontem?)

_____

2. **Did you watch a movie last Saturday?** (Você assistiu um filme sábado passado?)

_____

3. **Did you see your mother today?** (Você viu sua mãe hoje?)

_____

4. **Did you write that e-mail?** (Você escreveu aquele e-mail?)

5. **Did your friend call last night?** (Seu amigo ligou ontem à noite?)

6. **Where did you buy this T-shirt?** (Onde você comprou esta camiseta?)

7. **What did you eat for lunch?** (O que você comeu no almoço?)

8. **When did you start studying this book?** (Quando você começou a estudar este livro?)

9. **What did you think of her house?** (O que você achou da casa dela?)

10. **How did you come?** (Como você veio?)

EXERCÍCIO 31

∩ Exercício 31 – faixa 44

Neste exercício, vamos inverter a situação em relação ao anterior. Aqui você praticará conversação fazendo o papel de quem pergunta. Observe as respostas a seguir e elabore uma pergunta para cada uma delas.

1. _____ ?

   Yes, I drank coffee. (Sim, eu bebi café).

2. _____ ?

   No, I didn't read the newspaper. (Não, eu não li o jornal.)

3. _____ ?

   No, I didn't study English last year. (Não, eu não estudei inglês ano passado.)

4. _____ ?

   I forgot my wallet in the car. (Eu esqueci minha carteira no carro.)

5. _____ ?

I wore a white T-shirt and jeans. (Eu vesti uma camiseta branca e jeans.)

✎ EXERCÍCIO 32

🎧 Exercício 32 – faixa 45

O objetivo deste exercício é treinar seu ouvido para o inglês. Para falar bem, é fundamental entender bem. Você vai ouvir dez frases (faixa 45) com o vocabulário que você aprendeu nesta lição. Complete as frases com as palavras que estão faltando.

Se necessário, ouça a faixa mais de uma vez.

1. My _____ didn't _____ it.
2. Did _____ father call _____ ?
3. He went _____ _____ .
4. _____ you_____ this lesson?
5. I didn't want _____ _____ it.
6. Mary's _____ traveled last _____ .
7. _____ _____ _____ his e-mail?
8. When _____ _____ _____ arrive?
9. _____ _____ _____ _____ _____ _____ .
10. _____ _____ _____ _____ _____ _____ .

✎ EXERCÍCIO 33

🎧 Exercício 33 – faixa 46

Este é mais um exercício de compreensão auditiva. Escute as dez frases e marque (✗) a correspondente correta em português .

1. a. ( ) Ele ligou hoje
   b. ( ) Ele ligou ontem

2. a. ( ) Meu pai não fala inglês
   b. ( ) Minha mãe não fala inglês

3. a. ( ) O número dele é 9-3-1-4-7-2-1-8
   b. ( ) O número dele é 9-3-1-5-7-3-1-8

4. a. ( ) Eu fui em junho
   b. ( ) Eu não fui em junho

5. a. ( ) O irmão dele não estuda no sábado.
   b. ( ) A irmã dele não estuda na sexta.

6. a. ( ) Hoje é 27 de maio.
   b. ( ) Hoje é 24 de maio.

7. a. ( ) Eles precisaram ir ontem.
   b. ( ) Eles precisam ir hoje.

8. a. ( ) Você assistiu ao filme semana passada?
   b. ( ) Você foi ao cinema semana passada?

9. a. ( ) Nosso avô morou na Europa.
   b. ( ) O avô deles morou na Europa.

10. a. ( ) Quando você comprou o carro?
    b. ( ) Por que você foi de carro?

Lição 3

Passo 1
Futuro simples na forma afirmativa

SIMPLE FUTURE (FUTURO SIMPLES)

Antes de entrar em detalhes do *simple future*, é relevante frisar que há duas maneiras de expressar ações futuras em inglês.

O *simple future* com o auxiliar "**will**" (que será ensinado e praticado nesta lição) e o outro com a estrutura "**be going to**".

É importante que você aprenda as duas formas, até porque, dependendo da situação e do que se quer dizer, há o uso mais adequado de um sobre o outro. Mas como o propósito deste livro é fazer você dar seus primeiros passos no inglês e conseguir se expressar, deixando claro se está falando de ações presentes, passadas ou futuras, o *simple future* será suficiente. Caso decida continuar o estudo do inglês e se aprofundar na sua estrutura, com certeza irá se deparar com o *future be going to*, além de outros tempos verbais.

Vamos então ao *simple future* !

Para formar uma oração no *simple future* basta usar:
will + verbo no infinitivo sem "to"

É só isso mesmo. Usa-se o auxiliar "**will**" com todos os pronomes, mais um verbo principal, com o qual se expressa uma ação futura.

Observe os exemplos:
I will travel (Eu viajarei)
She will arrive (Ela chegará)
They will study (Eles estudarão)

Você já deve ter percebido que os verbos auxiliares têm um papel crucial na formação das orações em inglês, especialmente as negativas e interrogativas. E, se você prestar atenção, perceberá que cada tempo verbal tem o(s) seu(s) auxiliar(es).

Vamos relembrar:

Na lição 1, você viu que no *simple present* usam-se os auxiliares **don't / doesn't / do / does** para formular frases negativas e interrogativas.

Na lição 2, viu que no *simple past* o auxiliar é **didn't** para verbos negativos e **did** para as orações interrogativas.

Agora, nesta lição, está aprendendo que, para indicar ações que acontecerão no futuro, você deve usar o auxiliar **will**.

Então, para dizer:
Eu viajarei: **I will travel**
Você viajará: **You will travel**
Ele viajará: **He will travel**
Ela viajará: **She will travel**
Ele / ela (um objeto ou animal) viajará: **It will travel**
Nós viajaremos: **We will travel**
Vocês viajarão: **You will travel**
Eles / elas viajarão: **They will travel**

Importante! Tanto na escrita como na fala, é comum as pessoas abreviarem o auxiliar "**will**". Contraído, ele fica assim: **'ll** .

Exemplos:
I'll go with you. (Eu irei com você.)
She'll stay here tonight. (Ela ficará aqui hoje à noite.)
They'll call tomorrow. (Eles ligarão amanhã.)

🎧 Ouça a faixa 47 e repita a conjugação e os exemplos no futuro em voz alta.

Importante! Estes são alguns advérbios de tempo que normalmente acompanham orações no *simple future*.

tonight: esta noite / hoje à noite
tomorrow: amanhã
next week: semana que vem
next month: mês que vem
next year: ano que vem
next Friday: sexta que vem
tomorrow morning: amanhã de manhã
tomorrow afternoon: amanhã à tarde
later: mais tarde

🎧 Ouça a faixa 48 e repita os advérbios de tempo em voz alta.

PRATIQUE E FIXE!

Vamos ver se você aprendeu!

✎ EXERCÍCIO 34

Como dizer estas frases em inglês?

1. Eu assistirei ao filme esta noite.

2. Ele atenderá o telefone.

3. Eles morarão no Canadá ano que vem.

4. Ela virá na quarta-feira que vem.

5. Nós compraremos os livros amanhã.

6. Eu ficarei em casa hoje.

7. Jim viajará semana que vem.

8. Eles esperarão lá hoje à noite.

9. Marcos chegará no domingo.

10. Eu perguntarei ao professor mais tarde.

🎧 Após fazer o exercício e conferir as respostas, ouça a faixa 49 e repita as frases no *simple future* em voz alta.

Passo 2

Partes do corpo / animais / comidas e bebidas

PARTS OF THE BODY (PARTES DO CORPO)

body: corpo
head: cabeça
hair: cabelo
face: rosto
eye: olho
nose: nariz
mouth: boca
ear: orelha
chin: queixo
neck: pescoço
shoulder: ombro
chest: peito
back: costas
belly: barriga
arm: braço

elbow: cotovelo
hand: mão
finger: dedo
nail: unha
leg: perna
knee: joelho
foot: pé
toe: dedo do pé

🎧 Ouça a faixa 50 e repita as partes do corpo em voz alta.

Importante! Em português se diz: "Estou com dor de cabeça". Em inglês se diz: "Eu tenho uma dor de cabeça": **I have a headache.**

head (cabeça) + **ache** (dor) = **headache**

I have a toothache. Tenho (estou com) dor de dente.
I have a stomachache. Tenho (estou com) dor de barriga.
I have a backache. Tenho (estou com) dor nas costas.

Para dizer que "está com dor" em outras partes do corpo, use o verbo "**hurt**" (doer) ou também "**ache**" (doer).

Exemplos:
My leg hurts. (Minha perna dói.)
His arm is aching. (O braço dele está doendo.)

🎧 Ouça a faixa 51 e repita as frases relacionadas a dor.

ANIMALS (ANIMAIS)

dog: cachorro
cat: gato
bird: pássaro
fish: peixe
mouse: camundongo

chicken: galinha
duck: pato
cow: vaca
bull: touro
pig: porco
monkey: macaco
horse: cavalo
lion: leão
tiger: tigre
elephant: elefante
bear: urso
giraffe: girafa
turtle: tartaruga
lizard: lagartixa
snake: cobra
frog: sapo
bee: abelha
mosquito: pernilongo
fly: mosquito
spider: aranha
cockroach: barata
butterfly: borboleta

🎧 Ouça a faixa 52 e repita os animais em voz alta.

Importante! Além de "**pet**" (substantivo) significar "bicho de estimação", há também o verbo "**to pet**", que quer dizer "acariciar o bicho de estimação".

Veja os exemplos:
I don't have a pet. (Eu não tenho um bicho de estimação.)
She likes to pet her cat. (Ela gosta de acariciar seu gato.)

FOOD AND DRINK (COMIDA E BEBIDA)

food: comida
rice: arroz
beans: feijão
pasta: massa
soup: sopa
meat: carne
chicken: frango
fish: peixe
pork: carne de porco
salad: salada
French fries: batata frita
bread: pão
cheese: queijo
ham: presunto
butter: manteiga
jam: geleia
cookie: bolacha
egg: ovo
cake: bolo
sugar: açúcar
salt: sal
fruit: fruta
beverage: bebida
water: água
juice: suco
coffee: café
tea: chá
milk: leite
soft drink: refrigerante
beer: cerveja
wine: vinho
whiskey: uísque

🎧 Ouça a faixa 53 e repita as comidas e bebidas em voz alta.

Atenção! Em português, usa-se o verbo "comer" referindo-se a comida e o verbo "beber" para as bebidas. Em inglês também são usados os verbos "**eat**" e "**drink**". Mas quando você quiser expressar as duas ações na mesma oração pode usar apenas o verbo "**have**".

Exemplos:
I will eat meat. (Vou comer carne.)
I will drink coffee. (Vou beber café.)
I will have pizza and orange juice. (Vou "comer e beber" pizza e suco de laranja.)

Passo 3

Números de 100 em diante / números em endereços, dinheiro e outros

Na lição 2, passo 3, você aprendeu os números de 0 a 99. Agora aprenderá de 100 em diante e a aplicação dos números para expressar diferentes situações: endereço, dinheiro etc.

100 – **a hundred** ou **one hundred**
101 – **a hundred one**
107 – **one hundred seven**
120 – **one hundred twenty**
125 – **one hundred twenty-five**
200 – **two hundred**
300 – **three hundred**
400 – **four hundred**
500 – **five hundred**
600 – **six hundred**
700 – **seven hundred**
800 – **eight hundred**
900 – **nine hundred**
1000 – **a thousand** ou **one thousand**

1002 – **one thousand two**
1030 – **one thousand thirty**
1048 – **one thousand forty-eight**
1400 – **one thousand four hundred**
2000 – **two thousand**
7000 – **seven thousand**
100 000 – **one hundred thousand**
1 000 000 – **one million**
1 000 000 000 – **one billion**

🎧 Ouça a faixa 54 e repita os números em voz alta.

MONEY (DINHEIRO)

US$ 1.00 – **one dollar**
US$ 5.00 – **five dollars**
US$ 0.50 – **fifty cents**
US$ 0.79 – **seventy-nine cents**
US$ 1.40 – **one dollar and forty cents** ou **one forty**
US$ 1.99 – **one dollar and ninety-nine cents** ou **one ninety-nine**
US$ 17.25 – **seventeen dollars and twenty-five cents**
US$ 280.00 – **two hundred eighty dollars**
US$ 1 200.00 – **one thousand two hundred dollars** ou **twelve hundred dollars** (doze "notas" de cem)
US$ 36 524.10 – **thirty-six thousand, five hundred twenty-four dollars and ten cents.**

🎧 Ouça a faixa 55 e repita os valores em voz alta.

YEAR (ANO)

Em português, fala-se o ano literalmente, como fala-se o próprio número.

Exemplo:
"Eu nasci em 1974." (Leia-se "mil novecentos e setenta e quatro".)

Em inglês é diferente. O ano é lido de dois em dois dígitos. Assim: "**I was born in 1974.**" (Leia-se "**nineteen seventy-four**".)

Mais exemplos:
Year 1625: **year sixteen twenty-five**
In 1941: **in nineteen forty-one**
In 2010: **in twenty-ten**

A exceção está nos anos 2001 até 2009. Nesses, é mais comum falarmos o número inteiro:
Year 2005: **year two thousand five.**

TELEPHONE NUMBERS (NÚMEROS DE TELEFONE)

O mais comum em inglês é ler e dizer o número de telefone dígito por dígito:

Exemplos:
My phone number is 3238-7915

Se diz:
My phone number is three - two - three - eight - seven - nine - one - five.

ADDRESSES (ENDEREÇOS)

O mais comum é dizer um por um, se for um endereço de três a cinco dígitos, ou ler o número inteiro se for só de dois dígitos.

Exemplos:
I live at 641 Shelton Street.
Se diz:
I live at six - four - one Shelton Street.

🎧 Ouça a faixa 56 e repita as frases e números nos exemplos em voz alta.

PRATIQUE E FIXE!

Vamos ver se você aprendeu!

✎ EXERCÍCIO 35

Como dizer os seguintes números nas seguintes situações (observe do que se trata: dinheiro, anos, endereço ou número de telefone)?

1. **US$ 21.20:** _____
2. **Year 1985:** _____
3. **Phone number 4263-9157:** _____
4. **Year 2021:** _____
5. **US$ 130.00:** _____
6. **782 Main Street:** _____
7. **Phone number 9926-5034:** _____
8. **US$ 0.80:** _____
9. **Year 1994:** _____
10. **US$ 1500:** _____

🎧 Após fazer o exercício e conferir as respostas, ouça a faixa 57 e repita os números em voz alta.

Passo 4
Futuro simples na forma negativa

SIMPLE FUTURE – NEGATIVE
(FUTURO SIMPLES NA FORMA NEGATIVA)

Similar ao que acontece no *simple present* e no *simple past*, para formar frases negativas é necessário o uso de um verbo auxiliar. A diferença é que, tanto no *simple present* como no *simple past*, o verbo auxiliar é introduzido na frase afirmativa para transformá-la em negativa.

Vamos relembrar:
I work on Saturday. (afirmativa)
I don't work on Saturday. (negativa)

He likes eggs. (afirmativa)
He doesn't like eggs. (negativa)

They went alone. (afirmativa)
They didn't go alone. (negativa)

No *simple future*, não é diferente. Para formar frases negativas você precisa do auxiliar negativo. Porém, o auxiliar já está nas frases afirmativas no *simple future*, o "**will**". Basta então transformá-lo em negativo. O negativo do auxiliar "**will**" é "**will not**", que é geralmente usado na forma contraída: "**won't**".

Então:
I will travel in January. Eu viajarei em janeiro. (afirmativa)
I won't travel in December. Eu não viajarei em dezembro. (negativa)

"**will**" para frases afirmativas
"**won't**" para as frases negativas

Outros exemplos:
They won't buy the house. Eles não comprarão a casa.
She won't arrive tonight. Ela não chegará esta noite.
It won't rain today. Não choverá hoje.
He won't open the store tomorrow. Ele não abrirá a loja amanhã.

🎧 Ouça a faixa 58 e repita as frases negativas em voz alta.

PRATIQUE E FIXE!

Vamos ver se você aprendeu!

✎ EXERCÍCIO 36

Reescreva as seguintes frases afirmativas, na forma negativa:

1. **Tarek will work next Friday.**

2. **The tourist will stay there three days.**

3. **My sister will see a doctor tomorrow.**

4. **I will study only history.**

5. **They will send the letter next week.**

🎧 Após fazer o exercício e conferir as respostas, ouça a faixa 59 e repita as frases negativas em voz alta.

✎ EXERCÍCIO 37

Como dizer as seguintes frases em inglês? Fique atento! Algumas frases são afirmativas e outras são negativas!

1. **Ele não gostará do livro.**

2. **Ela precisará de dinheiro.**

3. **Nós comeremos pizza à noite.**

4. **Eu não assistirei ao filme no cinema.**

5. **Meus pais entenderão.**

🎧 Após fazer o exercício e conferir as respostas, ouça a faixa 60 e repita as frases em voz alta.

Passo 5

Futuro simples na forma interrogativa

SIMPLE FUTURE – INTERROGATIVE
(FUTURO SIMPLES NA FORMA INTERROGATIVA)

Para formar uma oração interrogativa no *simple future*, basta posicionar o auxiliar "**will**" na frente do sujeito da frase.

Exemplos:
They will arrive tonight. Eles chegarão esta noite. (afirmativa)
Will they arrive tonight? Eles chegarão esta noite? (interrogativa)

Michael will help you. Michael o ajudará. (afirmativa)
Will Michael help you? Michael o ajudará? (interrogativa)

Na formação de perguntas mais elaboradas, com o uso de *question words* (palavras interrogativas como: *where*, *when*, *what* etc.), você deve começar a pergunta com a *question word* e manter o auxiliar "**will**" na frente do sujeito.

Exemplos:
Onde ele estudará?
ERRADO: **Where he will study?**
CERTO: **Where will he study?**

O que você comprará lá?
ERRADO: **What you will buy there?**
CERTO: **What will you buy there?**

PRATIQUE E FIXE!

✎ EXERCÍCIO 38

Reescreva as seguintes frases na forma interrogativa:

1. They will listen to the radio.

2. He will get up early.

3. Jack will understand.

4. We will arrive soon.

5. It will rain later.

🎧 Após fazer o exercício e conferir as respostas, ouça a faixa 61 e repita as frases interrogativas em voz alta.

✎ EXERCÍCIO 39

Como dizer as seguintes frases interrogativas em inglês?

1. Eles abrirão amanhã?

2. Seu pai chegará hoje à noite?

3. Vocês terão aulas de inglês amanhã?

4. Ela acreditará em você?

5. Seus pais virão também?

🎧 Após fazer o exercício e conferir as respostas, ouça a faixa 62 e repita as perguntas em voz alta.

Passo 6
Exercícios de conversação e compreensão 3

✎ EXERCÍCIO 40

🎧 Exercício 40 – faixa 63

O objetivo deste exercício é simular uma conversação na qual você é o interlocutor. Você interagirá com a voz da faixa.

Há duas maneiras de fazer este exercício: A e B. Para qualquer uma das alternativas, procure dar respostas completas, assim forçará o hábito de falar mais e consequentemente ganhará fluência.

Modo A (recomendado para iniciantes):
1. Responda às perguntas por escrito.
2. Ouça a faixa 63 e, com o livro aberto, recite suas respostas.
3. Feche o livro, ouça mais uma vez a faixa 63 e responda novamente às mesmas perguntas. Seja espontâneo, não precisa respondê-las exatamente como da primeira vez.

Modo B:
1. Apenas leia as perguntas do livro para ter uma ideia do que tratam.
2. Feche o livro. Ouça a faixa 63 e, com o livro fechado, responda às perguntas oralmente.

1. **Will you get up early tomorrow?** (Você acordará cedo amanhã?)

2. **Will you be here later?** (Você estará aqui mais tarde?)

3. **Will you buy that new book?** (Você comprará aquele livro novo?)

4. **What will you eat for lunch?** (O que você comerá no almoço?)

5. **Will you wait for me?** (Você esperará por mim?)

6. **How many days will you stay there?** (Quantos dias você ficará lá?)

7. **Will you work next Friday?** (Você trabalhará na próxima sexta?)

8. **Where will you go on Sunday?** (Aonde você irá no domingo?)

9. **What time will you meet him?** (A que horas você o encontrará?)

10. **Which movie will you watch?** (A qual filme vocês assistirão?)

✎ EXERCÍCIO 41

🎧 Exercício 41 – faixa 64

Neste exercício, vamos inverter a situação em relação ao anterior. Aqui você praticará conversação fazendo o papel de quem pergunta. Observe as respostas a seguir e elabore uma pergunta para cada uma delas.

1. _____ ?
   Yes, I will go to college tomorrow. (Sim, eu irei para a faculdade amanhã.)

2. _____ ?
   No, I won't sell my car this year. (Não, não venderei meu carro este ano.)

3. _____ ?
   We will eat pizza tonight. (Nós comeremos pizza esta noite.)

4. _____ ?
   I will travel by bus. (Eu viajarei de ônibus.)

5. _____ ?
   No, I won't. I think I will stay home. (Não, não vou. Eu acho que ficarei em casa.)

✎ EXERCÍCIO 42

🎧 Exercício 42 – faixa 65

O objetivo deste exercício é treinar seu ouvido para o inglês. Para falar bem, é fundamental entender bem. Você vai ouvir dez frases (faixa 65) com o vocabulário que você aprendeu nesta lição. Complete as frases com as palavras que estão faltando. Se necessário, ouça a faixa mais de uma vez.

1. He _____ _____ Margaret tomorrow.
2. It _____ _____ tonight.
3. We _____ _____ now.
4. What will _____ _____ ?
5. I _____ _____ the phone.
6. Will _____ _____ to _____ it?
7. I will have _____ _____ and
   _____ _____ .
8. They will _____ a _____ for their _____ .
9. I have a _____ . I will take an aspirin.
10. He lives at _____ Main Street. His phone number
    is _____ . He was born in _____ .

✎ EXERCÍCIO 43

🎧 Exercício 43 – faixa 66

Este é mais um exercício de compreensão auditiva. Escute as dez frases e marque (✗) a correspondente correta em português .

1. a. ( ) Eu viajarei amanhã.
   b. ( ) Eu não viajarei amanhã.

2. a. ( ) Estou com dor de dente.
   b. ( ) Estou com dor de cabeça.

3. a. ( ) Eles têm um bicho de estimação, é um gato.
   b. ( ) Eles têm um bicho de estimação, é um passarinho.

4. a. ( ) Nós teremos café, pão e queijo para o café da manhã.
   b. ( ) Nós teremos café, pão e presunto para o café da manhã.

5. a. ( ) Ele nasceu em 1985.
   b. ( ) Ele nasceu em 1975.

6. a. ( ) Custa 12 dólares.
   b. ( ) Custa 20 dólares.

7. a. ( ) Ela não viajou sozinha.
   b. ( ) Ela viajará sozinha.

8. a. ( ) O pai dele trabalhou ontem.
   b. ( ) O pai dele trabalhará amanhã.

9. a. ( ) A entrada custa 15.
   b. ( ) A entrada custa 50.

10. a. ( ) Eu quero comer batatas fritas e tomar suco.
    b. ( ) Eu quero comer queijo francês e beber vinho.

Lição 4

Passo 1

"Ser" e "estar" no presente nas formas afirmativa, negativa e interrogativa / adjetivos

TO BE – PRESENT (VERBO SER / ESTAR NO PRESENTE)

O verbo "to be" no presente tem apenas três conjugações: **am, is, are.**

A conjugação deles com os pronomes fica assim:

I am: eu sou / eu estou
You are: você é / você está
He is: ele é / ele está
She is: ela é / ela está
It is: ele / ela (objeto, animal) é / está
We are: nós somos / nós estamos
You are: vocês são / vocês estão
They are: eles / elas são; eles / elas estão

Perceba que usa-se o mesmo verbo para dizer "eu sou" e "eu estou".

Exemplos:
I am hungry. (Eu estou com fome.)
I am tall. (Eu sou alto.)

Isso ocorre com todas as flexões: **am, is** e **are.**

Outros exemplos:

She is tired. (Ela está cansada.)
She is short. (Ela é baixa.)
They are at home. (Eles estão em casa.)
They are married. (Eles são casados.)

Ouça a faixa 67 e repita as conjugações e os exemplos em voz alta.

ADJECTIVES (ADJETIVOS)

Para você formar frases úteis com o verbo *to be*, é necessário saber adjetivos.

A seguir, uma lista dos adjetivos mais usados no dia a dia:

tired: cansado
tall: alto
short: baixo
big: grande
small: pequeno
hot: quente / com calor
cold: frio / com frio
married: casado
single: solteiro
easy: fácil
difficult: difícil
happy: feliz
sad: triste
interesting: interessante
boring: entediante / chato
new: novo
old: velho
far: longe
near: perto
young: jovem
cheap: barato
expensive: caro

poor: pobre
rich: rico
beautiful: bonito
ugly: feio
good: bom
bad: ruim
famous: famoso
sick: doente
thirsty: com sede
hungry: com fome
clean: limpo
dirty: sujo
strong: forte
weak: fraco
heavy: pesado
light: leve
noisy: barulhento
quiet: quieto
intelligent: inteligente
smart: esperto
stupid: burro
right: certo
wrong: errado
fat: gordo
thin: magro
busy: ocupado
nice: legal, simpático, bacana

🎧 Ouça a faixa 68 e repita os adjetivos em voz alta.

Atenção! Em inglês os adjetivos não têm gênero. Quer dizer, "**new**" significa "novo" ou "nova"; outro exemplo: "**beautiful**" é "bonito" ou "bonita". E mais, os adjetivos não têm singular e plural. Então, "**beautiful**" também pode ser "bonitos" e "bonitas".

Veja outros exemplos em frases curtas:

The car is old. O carro é velho.

The house is old. A casa é velha.

The books are old. Os livros são velhos.

My brother is tall. Meu irmão é alto.

My sister is tall. Minha irmã é alta.

My parents are tall. Meus pais são altos.

Importante! Em inglês os adjetivos são sempre posicionados antes dos substantivos.

He is a good man. Ele é um homem bom.

It is a heavy bag. Ela é uma bolsa pesada.

They are rich people. Eles são pessoas ricas.

PRATIQUE E FIXE!

Vamos ver se você aprendeu!

EXERCÍCIO 44

Como dizer as seguintes frases em inglês?

1. Eu estou feliz hoje.

2. Ela é jovem.

3. Nós estamos ocupados agora.

4. Meu pai está em casa na sexta.

5. O livro dele é muito caro.

6. Nós estamos com fome.

7. Ele é um homem forte.

_____

8. É um filme legal.

_____

9. Eu gosto de chá quente.

_____

10. Ele quer um sanduíche grande.

_____

🎧 Após fazer o exercício e conferir as respostas, ouça a faixa 69 e repita as frases em voz alta.

TO BE – NEGATIVE (VERBO SER / ESTAR NA FORMA NEGATIVA)

Diferente dos verbos comuns, o verbo "to be" não precisa e não usa verbos auxiliares para formar frases negativas. Para se obter frases negativas, basta colocar **not** após **am, is, are**.

Exemplo:
He is married. (Ele é casado.)
He is not married. (Ele não é casado.)

É muito comum usar as formas abreviadas no negativo:
is not = **isn't**
are not = **aren't**
"**am not**" não se abrevia

Exemplos:
Afirmativas:
I am busy. (Eu estou ocupado.)
They are famous. (Eles são famosos.)
It is hot. (Está quente.)

Negativas:
I am not busy. (Eu não estou ocupado.)

They **aren't** famous. (Eles não são famosos.)
It **isn't** hot. (Não está quente.)

🎧 Ouça a faixa 70 e repita os exemplos em voz alta.

PRATIQUE E FIXE!

Vamos ver se você aprendeu!

✏ EXERCÍCIO 45

Reescreva as seguintes frases afirmativas na forma negativa:

1. **I am hungry now.** (Eu estou com fome agora.)

2. **They are rich.** (Eles são ricos.)

3. **She is a tall girl.** (Ela é uma garota alta.)

4. **We are at school.** (Nós estamos na escola.)

5. **The store is far from here.** (A loja é longe daqui.)

6. **John is a good teacher.** (John é um bom professor.)

7. **The milk is hot.** (O leite está quente.)

8. **It is expensive.** (É caro.)

9. **I am sad today.** (Eu estou triste hoje.)

10. **Mark and Jane are at work.** (Mary e Jane estão no trabalho.)

🎧 Após fazer o exercício e conferir as respostas, ouça a faixa 71 e repita as frases negativas em voz alta.

TO BE – INTERROGATIVE
(VERBO SER / ESTAR NA FORMA INTERROGATIVA)

Para formar uma frase interrogativa com o verbo *to be*, basta posicionar o verbo antes do sujeito.

Exemplo:

Afirmativa:
He is old. (Ele é velho.)

Interrogativa:
Is he old? (Ele é velho?)

Atenção! Em português, a diferença entre as frases afirmativas e interrogativas é a pontuação, (. ou **?**) na escrita, e a entonação, na fala. Já em inglês, para que a frase seja interrogativa, além da pontuação e da entonação é necessário colocar o verbo na frente do sujeito.

Outros exemplos:

They are famous. (Eles são famosos.)
Are they famous? (Eles são famosos?)

It is hot. (Está quente.)
Is it hot? (Está quente?)

I am sick. (Eu estou doente.)
Am I sick? (Eu estou doente?)

Meggy and Jack are friends. (Meggy e Jack são amigos.)
Are Meggy and Jack friends? (Meggy e Jack são amigos?)

🎧 Ouça a faixa 72 e repita os exemplos em voz alta.

PRATIQUE E FIXE!

Vamos ver se você aprendeu!

EXERCÍCIO 46

Reescreva as seguintes frases afirmativas na forma interrogativa:

1. **She is single.** (Ela é solteira.)

2. **They are difficult.** (Eles estão difíceis.)

3. **His wife is young.** (A esposa dele é jovem.)

4. **The cars are dirty.** (Os carros estão sujos.)

5. **I am right.** (Eu estou certo.)

6. **Shellys's daughter is a lawyer.** (A filha de Shelly é advogada.)

7. **It is a nice movie.** (É um filme legal.)

8. **The food is in the oven.** (A comida está no forno.)

9. **We are good.** (Nós somos bons.)

10. **Her job is interesting.** (O emprego dela é interessante.)

Após fazer o exercício e conferir as respostas, ouça a faixa 73 e repita as frases interrogativas em voz alta.

EXERCÍCIO 47

Como dizer as seguintes frases em inglês? Fique atento! Algumas das frases são afirmativas, outras são negativas ou interrogativas:

1. Meu pai está cansado hoje.

   _____

2. Você está preocupado?

   _____

3. Eles não são velhos.

   _____

4. Amanda é solteira?

   _____

5. O livro não é difícil.

   _____

6. Vocês são bons alunos.

   _____

7. Eu não estou no trabalho agora.

   _____

8. Eles são seus vizinhos?

   _____

9. Karen não é a namorada do Michael.

   _____

10. Está frio hoje.

    _____

Após fazer o exercício e conferir as respostas, ouça a faixa 74 e repita as frases em voz alta.

Passo 2

Pronomes demonstrativos / partes da casa e objetos nela

DEMONSTRATIVE PRONOUNS (PRONOMES DEMONSTRATIVOS)

Os pronomes demonstrativos em inglês são apenas quatro:
This – para perto, singular = este, esta, isto
That – para longe, singular = aquele, aquela, aquilo

These – para perto, plural = estes, estas
Those – para longe, plural = aqueles, aquelas

Exemplos:
This is my brother. (Este é meu irmão.)
This is my pen. (Esta é minha caneta.)
What is this? (O que é isso?)
That is my house. (Aquela é minha casa.)
That car is stolen. (Aquele carro é roubado.)
What is that? (O que é aquilo?)
These are my parents. (Estes são meus pais.)
These chairs are dirty. (Estas cadeiras estão sujas.)
Those people are angry. (Aquelas pessoas estão zangadas.)
Those are his children. (Aqueles são os filhos dele.)

🎧 Ouça a faixa 75 e repita os exemplos em voz alta.

PARTS OF A HOUSE AND OBJECTS IN IT
(PARTES DE UMA CASA E OBJETOS NELA)

garden: jardim
doorway: entrada
living room: sala de estar
kitchen: cozinha
bedroom: quarto
bathroom: banheiro
corridor: corredor
stairs: escadas
dining room: sala de jantar
garage: garagem
laundry room: lavanderia
basement: porão
attic: sótão
balcony: sacada
downstairs: 1º piso / térreo de um sobrado
upstairs: 2º piso

roof: telhado
ceiling: teto
wall: parede
floor: chão
closet: armário / guarda-roupa
door: porta
window: janela
stove: fogão
oven: forno
refrigerator: geladeira
table: mesa
chair: cadeira
sofa: sofá
shelf: prateleira
air conditioner: ar-condicionado
curtains: cortinas
bed: cama
light: luz
picture: quadro / foto

🎧 Ouça a faixa 76 e repita em voz alta.

PRATIQUE E FIXE!

Vamos ver se você aprendeu!

✎ EXERCÍCIO 48

Como dizer as seguintes frases em inglês?

1. Este é meu irmão Nick.

   _____

2. Aquela mulher é a esposa dele.

   _____

3. Estas cortinas são bonitas.

   _____

4. Aquele é meu livro?

   _____

5. Aqueles carros não são confiáveis.

   _____

🎧 Após fazer o exercício e conferir as respostas, ouça a faixa 77 e repita as frases em voz alta.

Passo 3

"Ser" e "estar" no passado nas formas afirmativa, negativa e interrogativa

TO BE – PAST (VERBO SER / ESTAR NO PASSADO)

O verbo "to be" no passado é conjugado apenas de duas formas: **"was"** e **"were"**.

A conjugação com os pronomes é a seguinte:

I was: eu era / estava
You were: você era / estava
He was: ele era / estava
She was: ela era / estava
It was: ele / ela (objeto ou animal) era / estava
We were: nós éramos / estávamos
You were: vocês eram / estavam
They were: eles / elas eram / estavam

Exemplos:
I was at home yesterday. (Eu estava em casa ontem.)
They were married. (Eles eram casados.)
He was my English teacher last year. (Ele era meu professor de inglês ano passado.)

🎧 Ouça a faixa 78 e repita em voz alta a conjugação e os exemplos.

PRATIQUE E FIXE!

Vamos ver se você aprendeu!

✎ EXERCÍCIO 49

Como dizer estas frases em inglês?

1. Eu estava cansado esta manhã.

2. Ela estava no trabalho.

3. Nós éramos bons amigos.

4. Você estava bonita no sábado de manhã.

5. Eles eram amigos do Benjamin.

🎧 Após fazer o exercício e conferir as respostas, ouça a faixa 79 e repita as frases em voz alta.

TO BE – PAST NEGATIVE
(VERBO SER / ESTAR NO PASSADO NA FORMA NEGATIVA)

Similar ao presente, o "to be" no passado não precisa de verbos auxiliares para formar frases negativas. Para isso, basta negar o próprio verbo:

was (afirmativo) → **wasn't** (abreviação de "**was not**")
were (afirmativo) → **weren't** (abreviação de "**were not**")

Exemplos:

They were here last night. (Eles estavam aqui ontem à noite.)

They weren't here last night. (Eles não estavam aqui ontem à noite.)

He was sick last week. (Ele estava doente semana passada.)

He wasn't sick last week. (Ele não estava doente semana passada.)

PRATIQUE E FIXE!

Vamos ver se você aprendeu!

✎ EXERCÍCIO 50

Reescreva as seguintes frases afirmativas na forma negativa:

1. **I was hungry this morning.** (Eu estava com fome esta manhã.)

   _____

2. **My son was in the USA.** (Meu filho estava nos EUA.)

   _____

3. **It was hot last night.** (Estava calor ontem à noite.)

   _____

4. **The tourists were in the hotel in the afternoon.** (Os turistas estavam no hotel de tarde.)

   _____

5. **We were wrong.** (Nós estávamos errados.)

   _____

6. **The boy was in the bathroom.** (O garoto estava no banheiro.)

   _____

7. **That house was on sale.** (Aquela casa estava à venda.)

   _____

8. **These chairs were new.** (Estas cadeiras eram novas.)

   _____

9. **It was important.** (Era importante.)

   _____

10. **The food was really good.** (A comida era realmente boa.)

    _____

🎧 Após fazer o exercício e conferir as respostas, ouça a faixa 80 e repita as frases negativas em voz alta.

✎ EXERCÍCIO 51

Como dizer estas frases em inglês?

1. O banheiro não estava limpo.

   _____

2. Ele (um objeto) não estava no quarto.

   _____

3. Esta cadeira não era cara.

   _____

4. Eles não estavam na cozinha.

   _____

5. Eu não estava com frio à noite.

   _____

🎧 Após fazer o exercício e conferir as respostas, ouça a faixa 81 e repita em voz alta.

TO BE – PAST INTERROGATIVE
(VERBO SER / ESTAR NO PASSADO NA FORMA INTERROGATIVA)

Para formar as frases interrogativas com o "to be" no passado, basta colocar o verbo na frente do sujeito.

Exemplos:
She was married. (Ela era casada.)
Was she married? (Ela era casada?)

They were in Europe. (Eles estavam na Europa.)
Were they in Europe? (Eles estavam na Europa?)

I was right. (Eu estava certo.)
Was I right? (Eu estava certo?)

PRATIQUE E FIXE!

Vamos ver se você aprendeu!

✎ EXERCÍCIO 52

Reescreva as seguintes frases afirmativas na forma interrogativa:

1. **It was hot on Sunday.** (Estava calor no domingo.)

2. **The food was good.** (A comida estava boa.)

3. **They were friends.** (Eles eram amigos.)

4. **You were there.** (Vocês estavam lá.)

5. **The passport was on the sofa.** (O passaporte estava no sofá.)

6. **His father was rich.** (O pai dele era rico.)

7. **Kelly's house was near the school.** (A casa de Kelly era perto da escola.)

8. **We were at home that day.** (Nós estávamos em casa naquele dia.)

9. **The test was easy.** (A prova estava fácil.)

10. **That was her husband.** (Aquele era o marido dela.)

🎧 Após fazer o exercício e conferir as respostas, ouça a faixa 82 e repita em voz alta.

✎ EXERCÍCIO 53

Como dizer as seguintes frases em inglês?

1. Você estava no trabalho ontem?
    _____

2. Ele era seu professor?
    _____

3. O filme era bom?
    _____

4. A cozinha era grande?
    _____

5. Eles estavam na sala de estar?
    _____

🎧 Após fazer o exercício e conferir as respostas, ouça a faixa 83 e repita em voz alta.

Passo 4

"Ser" e "estar" no futuro nas formas afirmativa, negativa e interrogativa

TO BE – FUTURE (VERBO SER / ESTAR NO FUTURO)

Expressar-se no futuro com o verbo "to be" é muito fácil, isso porque não há conjugação. Usa-se **"will be"** com todos os pronomes.

I will be: eu serei / estarei
You will be: você será / estará
He will be: ele será / estará
She will be: ela será / estará
It will be: ele / ela (objeto, animal) será / estará
We will be: nós seremos / estaremos

You will be: vocês serão / estarão
They will be: eles / elas serão / estarão

Exemplos:
I will be home tonight. (Eu estarei em casa hoje à noite.)
She will be our new teacher. (Ela será nossa nova professora.)
They will be in the office. (Eles estarão no escritório.)

🎧 Ouça a faixa 84 e repita a conjugação e os exemplos em voz alta.

PRATIQUE E FIXE!

Vamos ver se você aprendeu!

✎ EXERCÍCIO 54

Como dizer estas frases em inglês?

1. Ele estará no trabalho à tarde.

2. Você será um bom aluno.

3. Nós estaremos no aeroporto na segunda de manhã.

4. Eu serei grato.

5. A casa deles será azul.

🎧 Após fazer o exercício e conferir as respostas, ouça a faixa 85 e repita as frases em voz alta.

TO BE – FUTURE NEGATIVE
(VERBO SER / ESTAR NO FUTURO NA FORMA NEGATIVA)

Para formar frases no futuro com o "to be" na forma negativa, basta usar o auxiliar "**will**" na forma negativa: "**will not**", que é mais usado na forma abreviada: "**won't**".

Exemplos:

I will be there tomorrow. (Eu estarei lá amanhã.)
I won't be there tomorrow. (Não estarei lá amanhã.)

They will be at school on Friday. (Eles estarão na escola na sexta.)
They won't be at school on Friday. (Eles não estarão na escola na sexta.)

PRATIQUE E FIXE!

Vamos ver se você aprendeu!

✎ EXERCÍCIO 55

Reescreva as seguintes frases afirmativas na forma negativa.

1. **The documents will be ready today.** (Os documentos estarão prontos hoje.)

2. **She will be the new manager.** (Ela será a nova gerente.)

3. **We will be here in the afternoon.** (Nós estaremos aqui à tarde.)

4. **It will be easy.** (Será fácil.)

5. **They will be happy.** (Eles estarão felizes.)

🎧 Após fazer o exercício e conferir as respostas, ouça a faixa 86 e repita as frases negativas em voz alta.

TO BE – FUTURE INTERROGATIVE
(VERBO SER / ESTAR NO FUTURO NA FORMA INTERROGATIVA)

Para formar frases interrogativas com o "to be" no futuro, basta colocar o auxiliar "**will**" na frente do sujeito.

Exemplo:

They will be at home tonight. (Eles estarão em casa hoje à noite.)
Will they be at home tonight? (Eles estarão em casa hoje à noite?)

The secretary will be in the office. (A secretária estará no escritório.)
Will the secretary be in the office? (A secretária estará no escritório?)

PRATIQUE E FIXE!

Vamos ver se você aprendeu!

✎ EXERCÍCIO 56

Reescreva as seguintes frases afirmativas na forma interrogativa.

1. **The kids will be hungry.** (As crianças estarão com fome.)

2. **It will be difficult.** (Será difícil.)

3. **Julie will be at work on Saturday.** (Julie estará no trabalho no sábado.)

4. **Tim and John will be good friends.** (Tim e John serão bons amigos.)

5. **The tourists will be outside.** (Os turistas estarão fora.)

Após fazer o exercício e conferir as respostas, ouça a faixa 87 e repita as frases interrogativas em voz alta.

Passo 5

"Haver" no presente nas formas afirmativa, negativa e interrogativa / preposições

THERE IS / THERE ARE (HÁ, EXISTE, EXISTEM)

"**There is**" e "**there are**" são usados para indicar a existência de alguém ou algo em algum lugar. Portanto, equivalem em português a "há" ou "existe(m)".

A diferença é que "há" em português é usado tanto com substantivos no singular como no plural.

Exemplos:
Há uma **caneta** embaixo da cadeira.
Há três **canetas** na gaveta.

Já em inglês, "**There is**" é usado com o singular, e "**There are**", com o plural.

Exemplos:
There is a **pen** under the chair.
There are three **pens** in the drawer.

Então:
There is: há / existe (no singular)
There are: há / existem(no plural)

Outros exemplos:

There is a lake in that city.
(Há / existe lago naquela cidade.)
There are five trees behind my house.
(Há / existem cinco árvores atrás da minha casa.)
There is a nice restaurant near my house.
(Há / existe um restaurante legal perto da minha casa.)
There are many students in the room.
(Há / existem muitos alunos na sala.)

🎧 Ouça a faixa 88 e repita os exemplos em voz alta.

PREPOSITIONS (PREPOSIÇÕES)

in: na, no (dentro)
here: aqui
on: na, no (em cima)
there: lá
beside: ao lado
under: embaixo
behind: atrás
in front of: em frente a / na frente de
across: de frente para / no outro lado
near: perto de
far from: longe de
between: entre
with: com
without: sem

🎧 Ouça a faixa 89 e repita as preposições em voz alta.

THERE IS / THERE ARE – NEGATIVE
("HÁ" / "EXISTE" NA FORMA NEGATIVA)

Para formar frases negativas com a estrutura "**There is**" – "**There are**", basta usar a forma negativa de "is" e "are": "**isn't**" e "**aren't**".

Então, para dizer "não há" ou "não existem", use "**There isn't**" e "**There aren't**".

Exemplos:
There isn't anybody in the bathroom. (Não há ninguém no banheiro.)
There aren't many students at school. (Não há muitos alunos na escola hoje.)

PRATIQUE E FIXE!

Vamos ver se você aprendeu!

✎ EXERCÍCIO 57

Reescreva as seguintes frases afirmativas na forma negativa:

1. **There is a table in the kitchen.** (Há uma na mesa na cozinha.)

2. **There are many trees in the city.** (Há muitas árvores na cidade.)

3. **There is a shopping center downtown.** (Há um shopping center no centro.)

4. **There are two cars in the garage.** (Há dois carros na garagem.)

5. **There is a holiday this week.** (Há um feriado esta semana.)

🎧 Após fazer o exercício e conferir as respostas, ouça a faixa 90 e repita as frases negativas em voz alta.

✎ EXERCÍCIO 58

Como dizer estas frases em inglês?

1. Não há água na geladeira.

2. Não existem ursos no Brasil.

3. Não há garagem neste prédio.

4. Não há canetas vermelhas, só canetas azuis.

5. Não há nenhum sal nesta comida.

🎧 Após fazer o exercício e conferir as respostas, ouça a faixa 91 e repita as frases negativas em voz alta.

THERE IS / THERE ARE – INTERROGATIVE
("HÁ" / "EXISTE" NA FORMA INTERROGATIVA)

Para formar frases interrogativas com "**there to be**", basta inverter a formação "**There is**" – "**There are**" para "**Is there...?**" – "**Are there...?**"

Exemplos:
There is a bus in front of the house. (Há um ônibus em frente à casa.)
Is there a bus in front of the house? (Há um ônibus em frente à casa?)

PRATIQUE E FIXE!

Vamos ver se você aprendeu!

✎ EXERCÍCIO 59

Reescreva as seguintes frases afirmativas na forma interrogativa:

1. **There is a person in the bathroom.** (Há uma pessoa no banheiro.)

2. **There are many books in the library.** (Há muitos livros na biblioteca.)

3. **There are cars in the garage.** (Há carros na garagem.)

4. **There is chocolate in the recipe.** (Há chocolate na receita.)

5. **There is a problem.** (Há um problema.)

Após fazer o exercício e conferir as respostas, ouça a faixa 92 e repita as frases interrogativas em voz alta.

EXERCÍCIO 60

Como dizer as seguintes frases em inglês?

1. Há uma mesa na sala de estar?

2. Há cinco quartos na casa?

3. Há comida no forno?

4. Há um grande supermercado perto da sua casa?

5. Há muitos turistas no hotel?

Após fazer o exercício e conferir as respostas, ouça a faixa 93 e repita em voz alta as frases interrogativas.

Passo 6

Exercícios de conversação e compreensão 4

✎ EXERCÍCIO 61

🎧 Exercício 61 – faixa 94

O objetivo deste exercício é simular uma conversação na qual você é o interlocutor. Você interagirá com a voz da faixa.

Há duas maneiras de fazer este exercício: A e B. Para qualquer uma das alternativas, procure dar respostas completas, assim forçará o hábito de falar mais e consequentemente ganhará fluência.

Modo A (recomendado para iniciantes):

1. Responda às perguntas por escrito.
2. Ouça a faixa 94 e, com o livro aberto, recite suas respostas.
3. Feche o livro, ouça mais uma vez a faixa 94 e responda novamente às mesmas perguntas. Seja espontâneo, não precisa respondê-las exatamente como da primeira vez.

Modo B:

1. Apenas leia as perguntas do livro para ter uma ideia do que tratam.
2. Feche o livro. Ouça a faixa 94 e, com o livro fechado, responda às perguntas oralmente.

1. **Are you tired today?** (Você está cansado hoje?)

_____

2. **Is your job interesting?** (Seu emprego é interessante?)

_____

3. **Were you at home on Saturday night?** (Você estava em casa sábado à noite?)

4. **Was you mother a teacher?** (Sua mãe era professora?)

5. **Is there a drugstore near your house?** (Há uma farmácia perto da sua casa?)

6. **Are there many trees in your neighborhood?** (Há muitas árvores no seu bairro?)

7. **Will you be at work tomorrow morning?** (Você estará no trabalho amanhã de manhã?)

8. **Will your vacation be in December?** (Suas férias serão em dezembro?)

9. **What is your favorite day of the week?** (Qual é seu dia favorito da semana?)

10. **Where were you last night?** (Onde você estava ontem à noite?)

✎ EXERCÍCIO 62

🎧 Exercício 62 – faixa 95

Neste exercício, vamos inverter a situação em relação ao anterior. Aqui você praticará conversação fazendo o papel de quem pergunta. Observe as respostas a seguir e elabore uma pergunta para cada uma delas.

1. _____?
   Yes, I am. (Sim eu sou / estou.)

2. _____?
   No, they aren't. (Não, eles não são / estão.)

3. _____ ?

Yes, there is a toilet in the 2nd floor. (Sim, há um toalete no 2º andar.)

4. _____ ?

On Sunday morning, I will be at my brother's house. (No domingo de manhã, eu estarei na casa do meu irmão.)

5. _____ ?

No, there aren't chairs in room 5. (Não, não há cadeiras na sala 5.)

✎ EXERCÍCIO 63

🎧 Exercício 63 – faixa 96

O objetivo deste exercício é treinar seu ouvido para o inglês. Para falar bem, é fundamental entender bem. Você vai ouvir dez frases (faixa 96) com o vocabulário que você aprendeu nesta lição. Complete as frases com as palavras que estão faltando. Se necessário, ouça a faixa mais de uma vez.

1. He _____ _____ my English teacher.
2. _____ they _____ ?
3. _____ is Andre's _____ .
4. Is _____ your _____ car?
5. My _____ _____ in Europe _____ year.
6. Her son _____ _____ a lawyer.
7. There _____ only one _____ in _____ apartment.
8. _____ _____ many people in the auditorium?
9. _____ _____ sunny and _____ today.
10. _____ are _____ _____ now.

✎ EXERCÍCIO 64

🎧 Exercício 64 – faixa 97

Este é mais um exercício de compreensão auditiva. Escute as dez frases e marque (✗) a correspondente correta em português .

1. a. ( ) Eu estou cansado agora.
   b. ( ) Eu sou casado agora.

2. a. ( ) Ela não está em casa.
   b. ( ) Ele não está no trabalho.

3. a. ( ) Eles estavam na cozinha.
   b. ( ) Eles não estavam na sala.

4. a. ( ) Você estava doente ontem.
   b. ( ) Você estava doente semana passada.

5. a. ( ) Eles vão estar no aeroporto na quinta.
   b. ( ) Eles vão estar no hotel na quarta.

6. a. ( ) Há um menino atrás da porta.
   b. ( ) Há um menino em frente à porta.

7. a. ( ) Não há aulas esta semana.
   b. ( ) Não há alunos nesta aula.

8. a. ( ) Estava calor ontem de manhã.
   b. ( ) Estava frio ontem à tarde.

9. a. ( ) Ele é seu irmão?
   b. ( ) Ele é seu filho?

10. a. ( ) Eles estão ao lado da mesa.
    b. ( ) Eles estão embaixo da mesa.

Lição 5

Passo 1

Presente e passado contínuo nas formas afirmativa, negativa e interrogativa

PRESENT CONTINUOUS (PRESENTE CONTÍNUO)

O *present continuous* é geralmente usado para expressar uma ação que está acontecendo no momento da fala.

Exemplo:
The baby is sleeping now. (O bebê <u>está dormindo</u> agora.)

Para formar frases afirmativas no *present continuous*, são necessários um verbo *to be* (**am**, **is**, **are**) e o **verbo** principal no gerúndio (+ **ing**).

Exemplos:
I am working: eu estou trabalhando
You are working: você está trabalhando
He is working: ele está trabalhando
She is working: ela está trabalhando
It is working: ele / ela está trabalhando
We are working: nós estamos trabalhando
You are working: vocês estão trabalhando
They are working: eles / elas estão trabalhando

🎧 Ouça a faixa 98 e repita os exemplos em voz alta.

119

PRESENT CONTINUOUS – NEGATIVE AND INTERROGATIVE (PRESENTE CONTÍNUO NAS FORMAS NEGATIVA E INTERROGATIVA)

Para formar frases negativas e interrogativas no *present continuous*, basta negar o verbo "**to be**".

Exemplos:
He **isn't** sleeping. (Ele não está dormindo.)
They **aren't** watching TV. (Eles não estão assistindo TV.)
I **am not** studying now. (Eu não estou estudando agora.)

Para formar frases interrogativas no *present continuous*, basta posicionar o verbo "to be" na frente do substantivo.

Exemplos:
Is he sleeping? (Ele está dormindo?)
Are they watching TV? (Eles estão assistindo TV?)
Am I reading well? (Eu estou lendo bem?)

🎧 Ouça a faixa 99 e repita os exemplos negativos e interrogativos em voz alta.

PRATIQUE E FIXE!

Vamos ver se você aprendeu!

✎ EXERCÍCIO 65

Como dizer as seguintes frases em inglês?

1. Eles estão morando no Canadá?

2. Eu estou bebendo chá.

3. Meu chefe está falando ao telefone.

4. Os meninos não estão brincando agora.

5. A professora não está escrevendo no quadro.

6. Eu não estou trabalhando hoje.

7. Você está lendo o jornal?

8. Elas estão escutando o rádio?

9. Eu estou fazendo isto certo?

10. Ele está vestindo uma camiseta azul?

♫ Após fazer o exercício e conferir as respostas, ouça a faixa 100 e repita as frases em voz alta.

Atenção! A maioria dos verbos não sofre modificações quando a eles acrescenta-se "**ing**":

eat → **eating** (comendo)
do → **doing** (fazendo)
study → **studying** (estudando)

Mas se o verbo terminar com "**e**", perderá o "**e**" ao receber "**ing**":

dance → **dancing** (dançando)
live → **living** (morando)

Se o verbo terminar com a combinação "cvc"(consoante – vogal – consoante), você deve dobrar a última letra ao acrescentar "**ing**":

run → **running** (correndo)
put → **putting** (colocando)

PAST CONTINUOUS (PASSADO CONTÍNUO)

O *past continuous* é geralmente usado para expressar uma ação que estava acontecendo num momento determinado do passado.

Exemplo:
He was reading the newspaper last night.
(Ele estava lendo o jornal ontem à noite.)

Para formar frases afirmativas no *past continuous*, são necessários um verbo "**to be**" no passado (**was**, **were**) e o **verbo** principal no gerúndio (+ **ing**).

Exemplos:
I was waiting in front of the house. (Eu estava esperando em frente à casa.)
Tarek was buying clothes. (Tarek estava comprando roupas.)
We were answering their questions. (Nós estávamos respondendo às perguntas deles.)

PAST CONTINUOUS – NEGATIVE AND INTERROGATIVE FORMS (PASSADO CONTÍNUO NAS FORMAS NEGATIVA E INTERROGATIVA)

Para formar frases negativas e interrogativas no *past continuous*, basta negar o verbo "**to be**".

Exemplos:
She wasn't cooking when I arrived. (Ela não estava cozinhando quando eu cheguei.)
They weren't doing the exercises. (Eles não estavam fazendo os exercícios.)

Para formar frases interrogativas com o *past continuous*, basta posicionar o verbo "**to be**" na frente do sujeito.

Exemplos:
Were they sleeping at 10:00? (Eles estavam dormindo às 10:00?)
Was it raining this morning? (Estava chovendo esta manhã?)

🎧 Ouça a faixa 101 e repita os exemplos negativos e interrogativos em voz alta.

PRATIQUE E FIXE!

Vamos ver se você aprendeu!

✎ EXERCÍCIO 66

Como dizer as seguintes frases em inglês:

1. Eu estava indo ao cinema.

2. Eles estavam perguntando sobre você.

3. A menina estava cantando.

4. Você estava pensando sobre a reunião?

5. Nós não estávamos viajando no mês passado.

6. Eu não estava recebendo os e-mails.

7. Sua irmã estava conversando com o gerente?

8. Ele estava vendendo livros.

9. Eles estavam esperando você?

10. A professora não estava lendo o texto.

🎧 Após fazer o exercício e conferir as respostas, ouça a faixa 102 e repita as frases em voz alta.

Passo 2

Contáveis e incontáveis / roupas e acessórios

COUNTABLE AND UNCONTABLE (CONTÁVEIS E INCONTÁVEIS)

Como perguntar e responder sobre substantivos contáveis:

Substantivos contáveis são aqueles que podem ser contados sem a necessidade de medidas (quilos, litros, xícaras etc.).

Para se perguntar sobre substantivos contáveis usa-se **How many** (quantos / quantas).

Exemplos:
How many English books do you have?
(Quantos livros de inglês você tem?)
How many brothers does she have?
(Quantos irmãos ela tem?)
How many days will you stay in Europe?
(Quantos dias você ficará na Europa?)

Percebeu? Como "**books**", "**brothers**" e "**days**" são contáveis, a pergunta é feita com "**How many**".

Como responder a perguntas com "How many":

Se alguém lhe perguntar:
How many T-shirts do you have? (Quantas camisetas você tem?)

É provável que você dê uma dessas três respostas:
1. **I have nine T-shirts.** (Eu tenho nove camisetas.)
   Sabe exatamente quantas são.
2. **I have a lot of T-shirts.** (Eu tenho muitas camisetas.)
   Não sei quantas, mas são muitas.
3. **I have a few T-shirts.** (Eu tenho poucas camisetas.)
   Não sei quantas, mas são poucas.

Então, quando alguém lhe perguntar algo com "**How many**", você pode, se souber, responder a quantidade exata. Caso contrário, use:
a lot of (muitos / muitas)
a few (poucos / poucas)

Veja mais exemplos:

1. a) **How many hours do you work per day?**
      (Quantas horas você trabalha por dia?)
   b) **I work 8 hours per day.** (Eu trabalho 8 horas por dia.)

2. a) **How many students are there in the playground?**
      (Quantos alunos tem / há no pátio?)
   b) **There are a lot of students there.** (Tem / Há muitos alunos lá.)

3. a) **How many chairs do you need?**
      (Quantas cadeiras vocês precisam?)
   b) **We need a few chairs.** (Nós precisamos de poucas cadeiras.)

∩ Ouça a faixa 103 e repita os exemplos em voz alta.

Como perguntar e responder sobre substantivos incontáveis:

Substantivos incontáveis são aqueles que, em seu estado natural, não podem ser contados. Quer dizer, se precisamos saber a quantia de substantivos incontáveis, precisamos de medidas como gramas, quilos, litros, colheres (de), xícaras (de) etc.

Para se perguntar sobre substantivos incontáveis, usa-se "**How much**" (quanto / quanta).

Exemplos:
How much water is there in the jar? (Quanta água tem na jarra?)
How much sugar do you want? (Quanto açúcar você quer?)
How much money did they bring? (Quanto dinheiro eles trouxeram?)

Percebeu? Como "**water**", "**sugar**" e "**money**" são incontáveis, a pergunta é feita com "**How much**".

Como responder a perguntas com "How much":

Se alguém lhe perguntar:
How much coffee do you drink per day? (Quanto café você bebe por dia?)

É provável que você dê uma destas três respostas:
1. **I drink two or three cups a day.** (Eu bebo duas ou três xícaras por dia.)
   Sabe a quantidade.
2. **I drink a lot of coffee, I love it!** (Eu bebo muito café, eu adoro!)
   Não sabe a quantidade exata, mas é muito.
3. **I drink a little coffee.** (Eu bebo pouco café.)
   Não sabe a quantidade, mas quer dizer que é pouco.

Então, quando alguém lhe perguntar algo com "**How much**", você pode responder a quantidade exata (usando medidas: quilos, litros, xícaras, etc.) ou dizer que é:

a lot of (muito / muita)
a little (pouco / pouca)

Veja mais exemplos:

1. a) **How much time do you need?** (Quanto tempo você precisa?)
    b) **I need about 40 minutes.** (Eu preciso de aproximadamente 40 minutos.)

2. a) **How much gasoline is there in the car?** (Quanta gasolina tem no carro?)
    b) **There is a lot of gas in it, the tanks is almost full.** (Tem muita (bastante) gasolina nele, o tanque está quase cheio.)

3. a) **How much milk in your coffee?** (Quanto leite no seu café?)
    b) **Just a little, thank you.** (Só um pouco, obrigado.)

🎧 Ouça a faixa 104 e repita os exemplos em voz alta.

PRATIQUE E FIXE!

Vamos ver se você aprendeu!

✎ EXERCÍCIO 67

Como dizer as seguintes frases em inglês?

1. Quantos irmãos ele tem?

    _____

2. Quanta comida eles precisam?

    _____

3. Eu tenho muitos amigos no Rio.

    _____

4. Há poucos carros na rua.

    _____

5. Ele comprou muita carne para a festa.

    _____

6. Tem um pouco de suco na geladeira.

7. Quantas revistas você comprou?

8. Quanto sal você quer?

9. Quantos dólares você tem?

10. Quanta farinha tem na lata?

🎧 Após fazer o exercício e conferir as respostas, ouça a faixa 105 e repita as frases em voz alta.

CLOTHES AND ACCESSORIES (ROUPAS E ACESSÓRIOS)

shirt: camisa
T-shirt: camiseta
blouse: blusa feminina
sweater: suéter
sweatshirt: blusa moletom
jacket: jaqueta
coat: casaco, sobretudo
pants: calça
jeans: jeans
sweatpants: calça moletom
skirt: saia
dress: vestido
shoes: sapatos
boots: botas
socks: meias
suit: terno
tie: gravata
hat: chapéu
cap: boné
glasses: óculos

watch: relógio
ring: anel
earrings: brincos
necklace: colar / corrente
bracelet: pulseira
purse: bolsa
wallet: carteira
gloves: luvas

🎧 Ouça a faixa 106 e repita em voz alta.

Passo 3
Verbos modais nas formas afirmativa, negativa e interrogativa

MODAL VERBS (VERBOS MODAIS)

Os *modal verbs* são um tipo especial de verbos auxiliares que conferem e / ou alteram o sentido do verbo principal. Portanto, são sempre seguidos de um "verbo comum", e juntos expressam permissão, proibição, capacidade, obrigação ou possibilidade.

Os que serão apresentados e estudados nesta lição são:

Can: poder: permissão / proibição ou saber / conseguir: capacidade / habilidade
Should: deveria: obrigação / conselho
Must: dever: obrigação, no sentido "ter que" / proibição / possibilidade
Might: pode / poderá: possibilidade

Exemplos:
They can go now. (Eles podem ir agora)
I can swim very well. (Eu sei nadar muito bem.)

You should wait more. (Você deveria esperar mais.)
You must drive on the left side in England. (Você deve dirigir no lado esquerdo na Inglaterra.)
They might arrive tonight. (Eles podem/poderão chegar hoje à noite.)

As quatro principais características dos *modal verbs* são:

1. São usados com todos os pronomes sem alteração:

   I can drive. (Eu sei dirigir.)
   You can drive. (Você sabe dirigir.)
   She can drive. (Ela sabe dirigir.)
   They can drive. (Eles sabem dirigir.)

   You must go. (Você deve ir.)
   We must go. (Nós devemos ir.)

   I should stay. (Eu deveria ficar.)
   They should stay. (Eles deveriam ficar.)

   She might travel today. (Ela pode (talvez) viajar hoje.)
   We might buy it. (Nós podemos (talvez) comprá-lo.)

2. Após um *modal verb* não se usa a partícula "to":

   CERTO: **She can open the door.**
   　　　 (Ela pode abrir a porta.)
   ERRADO: **She can to open the door.**

   CERTO: **We should drink only water.**
   　　　 (Nós deveríamos beber só água.)
   ERRADO: **We should to drink only water.**

CERTO: **You must study the four units.**
(Você deve estudar as quarto unidades.)
ERRADO: **You must to study the four units.**

CERTO: **It might rain on Saturday.**
(Pode / Poderá chover no sábado.)
ERRADO: **It might to rain on Saturday.**

3. Para formar frases negativas, os *modal verbs* não precisam de auxiliares. Cada *modal verb* tem sua forma negativa:

She can't go today. (Ela não pode ir hoje.)
We shouldn't use this room. (Nós não deveríamos usar esta sala.)

"Must" e "**might**" são mais comumente usados da forma não abreviada.
You must not forget it again.
(Você não deve esquecer novamente.)
It might not work.
(Pode / Poderá não funcionar.)

4. Para formar frases interrogativas basta posicionar o *modal verb* antes do sujeito:

He can read it. (Ele pode lê-lo.)
Can he read it? (Ele pode lê-lo?)

They should buy a new one. (Eles deveriam comprar um novo.)
Should they buy a new one? (Eles deveriam comprar um novo?)

∩ Ouça a faixa 107 e repita todos os exemplos em voz alta.

PRATIQUE E FIXE!

Vamos ver se você aprendeu!

✎ EXERCÍCIO 68

Como dizer as seguintes frases em inglês?

1. Eu sei cozinhar bem.

2. Ele não sabe falar inglês.

3. Você sabe dirigir?

4. Nós podemos usar o meu computador.

5. Ela não consegue lembrar.

6. Seu irmão pode ajudar o Mike?

7. O Amir deveria estudar à noite.

8. Ele não deveria ir a pé.

9. Você deve (tem que) assistir àquele filme.

10. Eles podem (talvez) partir hoje.

🎧 Após fazer o exercício e conferir as respostas, ouça a faixa 108 e repita as frases em voz alta.

✎ EXERCÍCIO 69

Assinale a opção correta se você quer dizer:

1. Ele não pode trabalhar de manhã.
   a. ( ) **He can't work in the morning.**
   b. ( ) **He don't can work in the morning.**

2. Você sabe desenhar bem?
   a. ( ) **Do you can draw well?**
   b. ( ) **Can you draw well?**

3. Eles deveriam vender a casa.
   a. ( ) **They should to sell the house.**
   b. ( ) **They should sell the house.**

4. Ela tem que (deve) ir ao médico.
   a. ( ) **She must go to the doctor.**
   b. ( ) **She can go to the doctor.**

5. O pai dele pode estar doente, não sabemos.
   a. ( ) **His father should be sick, we don't know.**
   b. ( ) **His father might be sick, we don't know.**

6. Marc e Anna não deveriam contar para o chefe.
   a. ( ) **Marc and Anna not should tell the boss.**
   b. ( ) **Marc and Anna shouldn't tell the boss.**

7. O que eu devo fazer?
   a. ( ) **What must I do?**
   b. ( ) **What I must do?**

8. Ele não sabe falar espanhol.
   a. ( ) **He can't speak Spanish.**
   b. ( ) **He doesn't know to speak Spanish.**

9. Você não deve comer nada por 12 horas.
   a. ( ) **You mustn't eat anything for 12 hours.**
   b. ( ) **You not must eat anything for 12 hours.**

10. Ela poderá não gostar.
    a. ( ) **She might not like it.**
    b. ( ) **She might doesn't like it.**

🎧 Após fazer o exercício e conferir as respostas, ouça a faixa 109 e repita as frases corretas em voz alta.

Passo 4

Pronomes indefinidos / o Clima / cores

INDEFINITE PRONOUNS (PRONOMES INDEFINIDOS)

Os *indefinite pronouns* são palavras usadas para indicar uma quantidade ou um número indefinido.

Exemplos:
I have some friends in France. (Eu tenho **alguns** amigos na França.)
I want some sugar. (Eu quero **um pouco** de açúcar.)
Are there any chairs in room 9? (Há **algumas** cadeiras na sala 9?)
I have no problems with him. (Eu não tenho **nenhum** problema com ele.)

Para usá-los corretamente, você deve seguir as seguintes regras:
Em frases afirmativas use "**some**" que pode significar: um pouco / algum / alguma / alguns / algumas.

Exemplos:
I want some coffee. (Eu quero **um pouco** de café.)
I have some ideas. (Eu tenho **algumas** ideias.)
I stayed some days there. (Eu fiquei **alguns** dias lá.)

Em frases negativas use "**any**", que significa "nenhum" / "nenhuma".

Exemplos:

I don't need any help, thank you. (Eu não preciso de **nenhuma** ajuda, obrigado.)

She didn't buy any books. (Ela não comprou **nenhum** livro.)

Em frases em que o sentido final é negativo, mas com o verbo na forma afirmativa, use "**no**" que significará "nenhum" / "nenhuma".

Exemplos:

There is no problem. (Não há **nenhum** problema.)

He made no mistakes! (Ele não fez **nenhum** erro!)

Importante! Em inglês, não se pode negar duas vezes na mesma sentença. Quer dizer, ou você usa o <u>verbo na negativa</u> e "**any**", ou o <u>verbo na afirmativa</u> com "**no**" na frente do substantivo.

Exemplos:

É possível dizer as seguintes frases de duas maneiras em inglês: Eu não tenho nenhum dinheiro.

I don't have any money.

I have no money.

O que não se pode dizer é: "**I don't have no money.**", pois existem dois "negativos" na mesma frase: **don't** e **no**.

Nas frases interrogativas, use "**any**", que poderá significar: algum / alguma / alguns / algumas.

Exemplos:

Do you have any friends in Argentina? (Você tem **alguns** amigos na Argentina?)

Are there any cars in the garage? (Há **alguns** carros na garagem?)

🎧 Ouça a faixa 110 e repita os exemplos em voz alta.

COMPOUNDS (COMPOSTOS)

Os *indefinite pronouns* têm compostos que seguem as mesmas regras citadas anteriormente.

Em frases afirmativas
somebody ou **someone**: alguém
something: algo / alguma coisa
somewhere: algum lugar

Em frases negativas (formadas pelo verbo na negativa)
anybody ou **anyone**: ninguém
anything: nada / coisa alguma
anywhere: lugar nenhum

Em frases negativas (cujo verbo permanece na afirmativa)
nobody ou **no one**: ninguém
nothing: nada
nowhere: lugar nenhum

Exemplos:
I want **something** to eat. (Eu quero alguma coisa para comer.)
I don't want **anything** to eat. (Eu não quero nada para comer.)
I want **nothing** to eat. (Eu não quero nada para comer.)
Did you eat **anything**? (Você comeu alguma coisa?)

I saw **somebody** there. (Eu vi alguém lá.)
I didn't see **anybody** there. (Eu não vi ninguém lá.)
I saw **nobody** there. (Eu não vi ninguém lá.)
Did you see **anybody**? (Você viu alguém?)

He went **somewhere** alone. (Ele foi para algum lugar sozinho.)
He didn't go **anywhere**. (Ele não foi para nenhum lugar.)
He went **nowhere**. (Ele não foi para nenhum lugar.)
Did he go **anywhere**? (Ele foi para algum lugar?)

🎧 Ouça a faixa 111 e repita os exemplos em voz alta.

PRATIQUE E FIXE!

Vamos ver se você aprendeu!

✎ EXERCÍCIO 70

Como dizer as seguintes frases em inglês:

1. Eu tenho algumas canetas azuis aqui.

   _____

2. Eu não tenho nenhuma caneta vermelha.

   _____

3. Você tem algumas moedas com você?

   _____

4. Eles querem alguma coisa para beber.

   _____

5. Não há ninguém na sala 7.

   _____

6. Ela mora em algum lugar perto da prefeitura.

   _____

7. Eu não tenho nada a dizer.

   _____

8. Há alguma coisa embaixo da cadeira.

   _____

9. Eu preciso de algum dinheiro.

   _____

10. A chave não está em lugar algum.

    _____

🎧 Após fazer o exercício e conferir as respostas, ouça a faixa 112 e repita as frases em voz alta.

THE WEATHER (O CLIMA)

How is the weather? (Como está o clima?)
How was the weather on the weekend? (Como estava o clima no fim de semana?)

sunny: ensolarado
rainy: chuvoso
cloudy: nublado
foggy: com neblina
snowy: com neve
windy: com vento
hot: quente
cool: fresco
cold: frio
freezing: congelante

a) **How is the weather today?** (Como está o clima hoje?)
b) **It's sunny and hot.** (Está ensolarado e quente.)
c) **It's cloudy and cold.** (Está nublado e frio.)
d) **It's rainy and cool.** (Está chuvoso e fresco.)

a) **What is the weather forecast for tomorrow?** (Qual é a previsão do tempo para amanhã?)

b) **It will be cloudy and hot.** (Estará nublado e quente.)

🎧 Ouça a faixa 113 e repita em voz alta.

COLORS (CORES)

red: vermelho
blue: azul
yellow: amarelo
green: verde
black: preto

white: branco
brown: marrom
orange: laranja
pink: rosa
gray: cinza
purple: roxo
beige: bege
dark: escuro
light: claro
dark orange: laranja escuro
light brown: marrom claro

Atenção! As cores, além de substantivos, também são adjetivos, portanto em inglês são posicionadas antes do substantivo.

Exemplos:
I have a blue car. (Eu tenho um carro azul.)
She lives in a yellow house. (Ela mora numa casa amarela.)
It was in a black box. (Ele estava numa caixa preta.)

🎧 Ouça a faixa 114 e repita em voz alta.

Passo 5
As horas / plural dos substantivos / frutas e legumes

WHAT TIME IS IT? (QUE HORAS SÃO?)

Horas cheias

Para dizer horas cheias, é comum dizer o número acompanhado da expressão "**o' clock**".

Exemplo:

What time is it? (Que horas são?)

(7:00) **It's seven o'clock.** (São sete horas.)

(11:00) **Its's eleven o'clock.** (São onze horas.)

(2:00) **It's two o'clock.** (São duas horas.)

Atenção! Diferentemente do que acontece no Brasil, onde algumas pessoas dizem as horas baseadas em 24 horas (por exemplo: "Agora são dezesseis horas."), em inglês, mesmo que alguém esteja olhando para um relógio digital que esteja marcando "16:00", a pessoa responde: **It's four o'clock.** (São quatro horas).

Horas quebradas

Pode-se dizer que há três maneiras de dizer as horas quebradas:

1. Na primeira, lê-se literalmente as horas e os minutos:

    Exemplo:
    7:05 = **It's seven oh five.** (São sete zero cinco.)
    5:10 = **It's five ten.** (São cinco e dez.)
    9:18 = **It's nine eighteen.** (São nove e dezoito.)
    12:30 = **It's twelve thirty.** (São doze e trinta.)
    10:42 = **It's ten forty-two.** (São dez e quarenta e dois.)
    1:55 = **It's one fifty-five.** (É uma e cinquenta e cinco.)

2. A segunda maneira é válida para qualquer hora cujos minutos não ultrapassem os 30 (a primeira metade da hora). É dita assim:

    "São *tantos* (minutos) passados da *tal hora*."

    Exemplo:
    7:05 = **It's five (minutes) past seven.** (São cinco (minutos) passados das sete.)

É muito raro alguém realmente dizer a palavra "minutes", pois ela já está subentendida.

Outros exemplos:
10:08 = **It's eight past ten.** (São oito passados das dez.)
5:10 = **It's ten past five.** (São dez passados das cinco.)
4:18 = **It's eighteen past four.** (São dezoito passados das quatro.)
9:20 = **It's twenty past nine.** (São vinte passados das nove.)

Atenção! "15 minutos", que é "um quarto de hora", e "30 minutos", que é "meia hora", são ditos **"a quarter"** e **"half"**, respectivamente.

Então:
2:15 = **It's a quarter past two.** (É um quarto passado das duas.)
7:30 = **It's half past seven.** (É meia hora passada das sete.)

3. A terceira maneira é valida para a segunda metade da hora, quer dizer dos 31 aos 59 minutos. Similar à língua portuguesa, a hora é lida da seguinte forma:

"São tantos (minutos) para tal hora".

Exemplos:
9:55 = **It's five to ten.** (São cinco para as dez.)
7:50 = **It's ten to eight.** (São dez para as oito.)
4:40 = **It's twenty to five.** (São vinte para as cinco.)

Atenção! "15 minutos" também é dito como **"a quarter"** (um quarto.)

6:45 = **It's a quarter to seven.** (É um quarto para as sete.)
9:45 = **It's a quarter to ten.** (É um quarto para as dez.)

∩ Ouça a faixa 115 e repita todos os exemplos em voz alta.

PRATIQUE E FIXE!

Vamos ver se você aprendeu!

✎ EXERCÍCIO 71

Escreva por extenso as seguintes horas:
(Em alguns casos, há duas maneiras de dizer as horas. Pratique as duas maneiras!)

1. **11:00** = _____
2. **21:00** = _____
3. **6:08** = _____
4. **10:15** = _____
5. **1:20** = _____
6. **2:30** = _____
7. **12:40** = _____
8. **5:45** = _____
9. **8:50** = _____
10. **10:55** = _____

🎧 Ouça a faixa 116 e repita em voz alta.

WHAT TIME DO YOU...? (A QUE HORAS VOCÊ...?)

"What time is it?" é a pergunta feita para pedir horas. Para as demais situações, como perguntar a que horas alguém acorda, foi dormir ou vai viajar, basta iniciar a oração com: "**What time**".

Exemplos:
What time did you get up today? (A que horas você levantou hoje?)
What time do you have lunch? (A que horas você almoça?)
What time will you leave? (A que horas você vai partir?)

Para responder a essas e outras perguntas a respeito de horário, você pode usar as maneiras que aprendeu no início desta lição. A única diferença é que, às vezes, é necessário dizer ao seu interlocutor se o horário que você está dizendo é de manhã ou de noite, de madrugada ou à tarde.

Preste atenção! Se alguém lhe perguntar:
What time does your bus leave? (A que horas seu ônibus parte?)

E você responder:
At eight. (Às oito).

Fica a seguinte dúvida: "Às oito da manhã", ou "Às oito da noite"?

Para evitar este tipo de confusão, há duas maneiras:

1. O uso de "**a.m.**" e "**p.m.**"
    "**a.m.**" quer dizer "*ante meridiem*", ou seja, "antes do meio-dia".
    "**p.m.**" quer dizer "*post meridiem*", ou seja, "após o meio-dia".

    Então:
    I called her at 9 p.m. (Eu liguei para ela às nove da noite.)
    They arrived at 5 a.m. (Eles chegaram às cinco da manhã.)

2. Outra maneira é dizer literalmente "**in the morning**" (de manhã), "**in the afternoon**" (à tarde) ou "**at night**" (à noite).
    I called her at 9 at night. (Eu liguei para ela às nove da noite.)
    They arrived at 5 in the morning. (Eles chegaram às 5 da manhã.)

∩ Ouça a faixa 117 e repita os exemplos em voz alta.

FRUITS AND VEGETABLES (FRUTAS E LEGUMES)

apple: maçã
orange: laranja
banana: banana
watermelon: melancia
grape: uva
pineapple: abacaxi

coconut: coco
mango: manga
papaya: mamão
lemon: limão
passion fruit: maracujá
cherry: cereja
peach: pêssego
strawberry: morango
pear: pera
melon: melão
avocado: abacate
tomato: tomate
cucumber: pepino
lettuce: alface
carrot: cenoura
onion: cebola
garlic: alho
pepper: pimentão
beet: beterraba
eggplant: berinjela
potato: batata

🎧 Ouça a faixa 118 e repita em voz alta.

PLURAL OF NOUNS (PLURAL DOS SUBSTANTIVOS)

O plural da maioria dos substantivos é formado com o acréscimo de "**s**".

Exemplos:
car → **cars** (carros)
house → **houses** (casas)
bank → **banks** (bancos)
wall → **walls** (paredes)

O plural dos substantivos terminados em "sh", "ch", "x", "z", "s" ou "o" é feito com o acréscimo de "es".

Exemplos:
brush → brushes (escovas)
peach → peaches (pêssegos)
fox → foxes (raposas)
kiss → kisses (beijos)
potato → potatoes (batatas)

Se o substantivo é terminado em "y" e antes deste <u>há uma vogal</u>, apenas acrescente "s" para formar o plural.

Exemplos:
toy → toys (brinquedos)
key → keys (chaves)

Agora, se o substantivo é terminado em "y" e antes deste <u>há uma consoante</u>, mude o "y" para "i" e acrescente "es".

Exemplo:
baby → babies (bebês)
city → cities (cidades)

No caso dos substantivos terminados em "f" ou "fe", estes perdem o "f" ou "fe" e recebem "ves".

Exemplos:
knife → knives (facas)
wolf → wolves (lobos)

O plural de alguns substantivos é <u>irregular</u>.

child → children (crianças)
man → men (homens)
woman → women (mulheres)

person → people (pessoas)
foot → feet (pés)
mouse → mice (camundongos)
tooth → teeth (dentes)

🎧 Ouça a faixa 119 e repita em voz alta.

Apenas saber o plural dos substantivos não é o suficiente para construir orações corretas. Você deve prestar atenção ao resto da frase. O(s) verbo(s) deve(m) acompanhar a mudança para o plural.

Exemplos:
singular: **The boy** is... (O garoto está…)
plural: **The boys** are… (Os garotos estão...)

singular: **The man** was **in the...** (O homem estava no…)
plural: **The men** were **in the…** (Os homens estavam no…)

singular: **The child** doesn't **play…** (A criança não brinca…)
plural: **The children** don't **play…** (As crianças não brincam…)

singular: There is **a box…** (Há uma caixa…)
plural: There are **three boxes…** (Há três caixas...)

PRATIQUE E FIXE!

Vamos ver se você aprendeu!

✎ EXERCÍCIO 72

Escreva a forma plural dos seguintes substantivos:

1. **day** (dia) _____
2. **lady** (senhora) _____
3. **box** (caixa) _____
4. **bus** (ônibus) _____

5. **book** (livro) _____
6. **beach** (praia) _____
7. **wife** (esposa) _____
8. **tomato** (tomate) _____
9. **country** (país) _____
10. **child** (criança) _____

🎧 Após fazer o exercício e conferir as respostas, ouça a faixa 120 e repita em voz alta.

✏️ EXERCÍCIO 73

Reescreva as seguintes frases inteiras no plural:

1. **The girl is in the car.** (A garota está no carro.)

   _____

2. **That window was open.** (Aquela janela estava aberta.)

   _____

3. **He doesn't live in an apartment.** (Ele não mora num apartamento.)

   _____

4. **There is a good book on the shelf.** (Há um bom livro na prateleira.)

   _____

5. **The child is playing with the puppy.** (A criança está brincando com o cachorrinho.)

   _____

🎧 Após fazer o exercício e conferir as respostas, ouça a faixa 121 e repita as frases no plural em voz alta.

Passo 6

Exercícios de conversação e compreensão 5

✎ EXERCÍCIO 74

🎧 Exercício 74 – faixa 122

O objetivo deste exercício é simular uma conversação na qual você é o interlocutor. Você interagirá com a voz da faixa.

Há duas maneiras de fazer este exercício: A e B. Para qualquer uma das alternativas, procure dar <u>respostas completas</u>, assim forçará o hábito de falar mais e consequentemente ganhará fluência.

<u>Modo A (recomendado para iniciantes)</u>:

1. Responda às perguntas por escrito.
2. Ouça a faixa 122 e, com o livro aberto, recite suas respostas.
3. Feche o livro, ouça mais uma vez a faixa 122 e responda novamente às mesmas perguntas. Seja espontâneo, não precisa respondê-las exatamente como da primeira vez.

<u>Modo B</u>:

1. Apenas leia as perguntas do livro para ter uma ideia do que tratam.
2. Feche o livro. Ouça a faixa 122 e, com o livro fechado, responda às perguntas oralmente.

1. **Are you watching TV now?** (Você está assistindo TV agora?)

_____

2. **Were you traveling last week?** (Você estava viajando semana passada?)

_____

3. **How many bathrooms are there in your house?** (Quantos ba-nheiros há na sua casa?)

4. **How much money do you have on you now?** (Quanto dinheiro você tem com você agora?)

5. **Can you swim well?** (Você sabe nadar bem?)

6. **Can you travel to the USA without a visa?** (Vocês podem viajar para os EUA sem visto?)

7. **Are there any chairs in your bedroom?** (Há algumas cadeiras no seu quarto?)

8. **What time is it now?** (Que horas são agora?)

9. **What time do you go to work?** (A que horas você vai para o trabalho?)

10. **What were you doing this morning?** (O que você estava fazendo hoje de manhã?)

11. **How many brothers and sisters do you have?** (Quantos irmãos e irmãs você tem?)

12. **How much water do you drink per day?** (Quanta água você bebe por dia?)

13. **What should I do if I lose my driver's license?** (O que eu deveria fazer se eu perder minha carteira de motorista?)

14. **What time will you arrive there?** (A que horas você vai chegar lá?)

15. **How is the weather today?** (Como está o clima hoje?)

✎ EXERCÍCIO 75

🎧 Exercício 75 – faixa 123

Neste exercício, vamos inverter a situação em relação ao anterior. Aqui você praticará conversação fazendo o papel de quem pergunta. Observe as respostas a seguir e elabore uma pergunta para cada uma delas.

1. _____
   No, I can't. (Não, eu não sei / posso.)
2. _____
   I am reading a novel by Dan Brown. (Eu estou lendo um romance de Dan Brown.)
3. _____
   I bought three bottles of juice. (Eu comprei três garrafas de suco.)
4. _____
   I want a little sugar, thanks. (Eu quero pouco açúcar, obrigado.)
5. _____
   I go to bed at 11:00. (Eu vou dormir às 11:00).

✎ EXERCÍCIO 76

🎧 Exercício 76 – faixa 124

O objetivo deste exercício é treinar seu ouvido para o inglês. Para falar bem, é fundamental entender bem. Você vai ouvir dez frases (faixa 124) com o vocabulário que você aprendeu nesta lição. Complete as frases com as palavras que estão faltando. Se necessário, ouça a faixa 124 mais de uma vez.

1. Her boss _____ _____ to the Chinese right now.
2. They were _____ _____ yesterday, it _____ a holiday.
3. How _____ _____ are there in your class?

4. How _____ energy _____ _____ save?
5. He is wearing blue _____ and a _____ _____ .
6. My wife _____ _____ _____ well.
7. _____ _____ stay _____ and rest.
8. It _____ _____ true. He never lied to us.
9. Although it's _____ outside, it's still _____ .
10. They get up at _____ , have breakfast at _____ and go to work at _____ .

EXERCÍCIO 77

Exercício 77 – faixa 125

Este é mais um exercício de compreensão auditiva. Escute as dez frases e marque (✗) a correspondente correta em português .

1. a. ( ) Ele está dormindo no sofá.
   b. ( ) Ele estava dormindo no sofá.

2. a. ( ) Eu tenho muitos amigos no Rio.
   b. ( ) Eu tenho poucos amigos no Rio.

3. a. ( ) Eles estão fazendo o exercício.
   b. ( ) Eles não estão fazendo o exercício.

4. a. ( ) Está quente e ensolarado.
   b. ( ) Está quente e chuvoso.

5. a. ( ) Há alguns professores na reunião.
   b. ( ) Não há nenhum professor na reunião.

6. a. ( ) Eu gosto de vestir camisas azuis.
   b. ( ) Eu gosto de vestir calças azuis.

7. a. ( ) Ela termina o trabalho às 5:45.
   b. ( ) Ela termina o trabalho às 5:15.

8. a. ( ) Agora são 10:05.
   b. ( ) Agora são 4:50.

9. a. ( ) A criança está com a mulher no banheiro.
   b. ( ) As crianças estão com as mulheres nos banheiros.

10. a. ( ) Estou feliz agora que sei falar e entender inglês.
    b. ( ) Estou feliz agora que sei ler e escrever em inglês.

Respostas dos exercícios com comentários

✏ EXERCÍCIO 1

2. **He**
3. **They** (*Mario* e *Peter* são duas pessoas = eles)
4. **It** ("the car" = o carro, em português, seria "ele", mas em inglês, quando queremos nos referir a um objeto ou animal, usamos "it")
5. **We** ("Marcia and I" = Marcia e eu = nós, em inglês "we")
6. **They** (você deve estar pensando: "Mas livro não é objeto?! Não seria "it"?!"; explicação: um objeto ou um animal é "it", e na frase temos "the books" = os livros, portanto "eles" = "they")
7. **He** ("the boy" = o garoto = he)
8. **They** (Jacqueline e Micheli = elas = they)
9. **You** (em inglês "you" significa "você" ou "vocês", então "você e Andreia = vocês = you)
10. **It** ("the cat" = o gato = um animal = it)

✏ EXERCÍCIO 2

1. **She**
2. **They** (os turistas = eles = they)
3. **It** (árvore = um objeto)
4. **He**
5. **You**
6. **You** (se na sua frente, cara a cara, tem uma ou vinte pessoas, o pronome usado será sempre "you". Um exemplo para não esquecer: um homem apaixonado olhando para sua amada diz: "I love you!" = "Eu amo você!". O mesmo homem vira para seus cinco filhos e diz a eles: "I love you, too!" = "Eu amo vocês também!".
7. **He**

8. **She**
9. **They** (duas pessoas = eles = they)
10. **They** (se fosse uma caneta seria "it", mas são várias = elas = they)

✎ EXERCÍCIO 3

I: eu
You: tu, você
He: ele
She: ela
It: ele ou ela
We: nós
You: vós, vocês
They: eles ou elas

✎ EXERCÍCIO 4

(Praticamente não há variação, exceto com **he, she, it**, com "s".)

1. **I write**
2. **You write**
3. **He writes**
4. **She writes**
5. **It writes**
6. **We write**
7. **You write**
8. **They write** (Eles = they, Elas = they, Eles e Elas = they)

✎ EXERCÍCIO 5

1. **to drive**
2. **to buy**
3. **to open**

4. **to get up**
5. **to write**

(Praticamente não há variação, exceto com **he, she, it**, com "s".)

6. **I drive**
7. **You drive**
8. **He drives**
9. **She drives**
10. **We drive**
11. **You drive**
12. **They drive** (tanto faz se é só "eles", só "elas" ou "eles e elas", em inglês é "they")

EXERCÍCIO 6

1. **I eat meat every day.**
2. **You speak English well.** (Nacionalidades são sempre escritas com a primeira letra maiúscula: English, Spanish, Brazilian...)
3. **He sells cars.**
4. **She works in the morning.**
5. **We sleep early on weekdays.**
6. **You study English on Tuesdays and Thursdays.** (Mesmo no meio da frase, os dias da semana são escritos com a primeira letra maiúscula.)
7. **They need money.** ("precisa de / do" é "need", e o verbo "to need" não exige preposição)

EXERCÍCIO 7

1. **I want to sleep.**
2. **You want to go.**
3. **He needs to stay.** (Apenas o primeiro verbo "need" é conjugado, portanto só ele recebe "s".)

4. She likes to go.
5. I like to stay.
6. They want to sleep.
7. We want to go.
8. You like to stay.

✎ EXERCÍCIO 8

1. I don't drink.
2. You don't drink.
3. He doesn't drink.
4. She doesn't drink.
5. It doesn't drink.
6. We don't drink.
7. You don't drink.
8. They don't drink.

(Todos negam com "don't", exceto **he**, **she**, **it**, que usam "**doesn't**".)

✎ EXERCÍCIO 9

1. I don't eat meat every day.
2. You don't speak English well.
3. He doesn't sell cars.
4. She doesn't work in the morning.
5. We don't sleep early on weekdays.
6. You don't study English on Tuesdays and Thursdays.
7. They don't need money.

✎ EXERCÍCIO 10

1. **We don't work on weekends.**
2. **He doesn't sleep early.** (Quando se usa "doesn't", retira-se o "s" do verbo.)
3. **Paul doesn't speak four languages.** (Quando se usa "doesn't", retira-se o "s" do verbo.)
4. **I don't see my mother every day.**
5. **My sister doesn't cook very well.** ("My sister" é "minha irmã" = **she**, por isso usa "**doesn't**".)

✎ EXERCÍCIO 11

1. **an**
2. **a**
3. **an**
4. **an**
5. **a**

(Com palavras que começam com vogal, como "**answer**", "**old**" e "**e-mail**", usa-se "**an**".)

✎ EXERCÍCIO 12

1. **Do you eat meat every day?**
2. **Do you speak English?**
3. **Does he have a car?**
4. **Does she work in the morning?**
5. **Do we have coffee?**
6. **Do you study on Tuesday?** ("Vocês" e "você" = "you".)
7. **Do they need money?**

✎ EXERCÍCIO 13

1. **Do I have to wear a uniform?**
2. **Does she call every night?**
3. **Do you remember the story?**
4. **Does it close at midnight?**
5. **Do you want to stay?**
6. **Does Amir sing well?** (Amir = he, por isso usa-se "does" e tira-se o "s" do verbo.)
7. **Does Jaqueline run fast?** (Jacqueline = she, por isso usa-se "does" e tira-se o "s" do verbo.)
8. **Do Isabela and Rafael come by car?** ("Isabela + Rafael" = they, por isso usa-se "Do".)
9. **Do they hate Mondays?**
10. **Do I speak fast?**

✎ EXERCÍCIO 14

(Em todas as perguntas, inicia-se com a *question word*, depois o auxiliar. Exceto "who", que não precisa de auxiliar.)

1. **What do you want?**
2. **Where does he study?**
3. **When do they call?**
4. **Who lives there?** ("Who" é o único que não precisa de auxiliar, como ele pergunta sobre o sujeito, vai direto com o verbo.)
5. **Why do you study in the afternoon?**
6. **Which book do you need?**
7. **How does she go to work?**
8. **How many newspapers do you read?**
9. **How much sugar do you want?**
10. **How often does he call?**

✎ EXERCÍCIO 15

(Seguem aqui sugestões de respostas. As perguntas deste exercício são pessoais, você pode responder de maneira diferente.)

1. No, I don't live alone. I live with my mother and sister.
2. No, I don't work on Saturdays.
3. Yes, I read it every day.
4. Yes, I love to buy clothes. Who doesn't?!
5. No, I don't want to go on Friday.
6. I live on Baker street, near that big supermarket.
7. I usually drink black coffee in the morning.
8. I study English every night.
9. I have two sisters.
10. I go with my wife.

✎ EXERCÍCIO 16

1. Do you eat meat?
2. Do you drink beer?
3. Do you have a motorcycle?
4. Where do you like to go on Sundays? ou What do you like to do on Sundays?
5. How do you go to work?

✎ EXERCÍCIO 17

1. drink
2. she
3. speak
4. every – day
5. he – like
6. do – you – live
7. where – they – sleep

8. we – don't – want – to – go
9. does – he – remember
10. she – cooks – every – Sunday

✎ EXERCÍCIO 18

1. a
2. a
3. b
4. b
5. a
6. b
7. b
8. a
9. b
10. a

✎ EXERCÍCIO 19

1. I worked yesterday.
2. We worked yesterday.
3. He answered.
4. They answered.
5. I went.
6. They went.
7. Julia slept.
8. Robert and Anna slept.
9. I won.

✎ EXERCÍCIO 20

(O passado de "**write**" é "**wrote**", não há variação, é o mesmo com todos os pronomes.)

1. I wrote.
2. You wrote.
3. He wrote.
4. We wrote.
5. You wrote.
6. They wrote.

(O passado de "**finish**" é "**finished**", não há variação, é o mesmo com todos os pronomes.)

7. I finished.
8. You finished.
9. He finished.
10. We finished.
11. They finished.

✎ EXERCÍCIO 21

1. I started yesterday.
2. You spoke well last night.
3. He called last Tuesday.
4. Micheli bought the book last year.
5. We traveled to Italy three years ago.
6. They talked last week.

✎ EXERCÍCIO 22

(Perceba que em inglês, os *possessive adjectives* sempre aparecem na frente do substantivo, mesmo que em português seja o contrário, como "comida dele", "comida dela" e "comida deles".)

1. my food
2. your food
3. his food

4. her food
5. its food
6. our food
7. your food
8. their food

✎ EXERCÍCIO 23

1. The man's money.
2. Paula's wallet.
3. The dog's food.
4. Omar's house.
5. The teacher's pen.
6. The cat's house.
7. The baby's food.
8. **The window of the house.** ou **The house window.** (Não pode ser com o " 's" porque "casa" é um objeto.)
9. **The color of the wallet.** ou **The wallet color.** (Não pode ser com o " 's" porque "casa" é um objeto.)
10. Jack's daughter.

✎ EXERCÍCIO 24

1. seventy-four
2. sixty-three
3. forty (Atenção: 4 = four, 14 = fourteen, mas 40 é forty, sem "u".)
4. twenty-eight
5. ninety-five
6. thirty-seven
7. fifty-two
8. eighty-one
9. thirty-nine
10. twenty

✏ EXERCÍCIO 25

1. March 7th
1. October 14th
1. January 25th
1. April 19th
1. December 2nd
1. May 31st
1. February 28th
1. August 1st
1. June 3rd
1. September 16th

✏ EXERCÍCIO 26

(Em todas as frases, após inserir "**didn't**", o verbo volta à forma infinitiva.)

1. I didn't watch the news yesterday.
2. Carlos didn't live in Germany.
3. They didn't buy a new car.
4. We didn't eat pizza last night.
5. My brother didn't finish his book.
6. I didn't call Tarek on Monday.
7. You didn't win.
8. Her boyfriend didn't have money.
9. They didn't close the store.
10. I didn't forget.

✏ EXERCÍCIO 27

1. I liked – I didn't like
2. He asked – He didn't ask
3. They lived – They didn't live

4. She wrote – She didn't write
5. You thought – You didn't think

✎ EXERCÍCIO 28

(Em todas as frases, coloca-se o auxiliar "**did**" no início da pergunta e o verbo volta à sua forma infinitiva.)

1. Did you work last Saturday?
2. Did Nasser remember the story?
3. Did your sister sell her car?
4. Did they get married?
5. Did I open the wrong door?
6. Did she need help?
7. Did Isabela have a blue car?
8. Did we study unit five?
9. Did you use my computer?
10. Did they see you there yesterday?

✎ EXERCÍCIO 29

1. You answered. – Did you answer?
2. They cried. – Did they cry?
3. Rafael slept. – Did Rafael sleep?
4. We won. – Did we win?
5. She spoke. – Did she speak?

✎ EXERCÍCIO 30

(Seguem aqui respostas sugestões. As perguntas deste exercício são pessoais, você pode responder de maneira diferente.)

1. Yes, I worked a lot yesterday.
2. Yes, we watched a good movie.
3. No, I didn't. I saw her yesterday.
4. No, I didn't write it.
5. Yes, my friend called last night.
6. I bought this T-shirt in the mall.
7. I ate rice, beans and salad.
8. I started studying this book in May.
9. I thought it was beautiful.
10. I came by bus.

EXERCÍCIO 31

1. Did you drink coffee?
2. Did you read the newspaper?
3. Did you study English last year?
4. Where did you forget the wallet? ou What did you forget in the car?
5. What did you wear?

EXERCÍCIO 32

1. sister – like
2. your – yesterday
3. last – week
4. did – finish
5. to – see
6. boyfriend – month
7. did – you – read
8. did – your – brother
9. we – needed – to – see – her – son
10. they – bought – the – house – last – winter

✎ EXERCÍCIO 33

1. b
2. b
3. a
4. b
5. a
6. b
7. b
8. a
9. a
10. b

✎ EXERCÍCIO 34

1. I will watch the movie tonight.
2. He will answer the phone.
3. They will live in Canada next year.
4. She will come next Wednesday.
5. We will buy the books tomorrow.
6. I will stay home today.
7. Jim will travel next week.
8. They will wait there tonight.
9. Marcos will arrive on Sunday.
10. I will ask the teacher later.

✎ EXERCÍCIO 35

1. twenty-one dollars and twenty cents.
2. nineteen eighty-five.
3. four – two – six – three – nine – one – five – seven.
4. two thousand twenty-one, ou twenty twenty-one.
5. one hundred thirty dollars.
6. seven – eight – two.

7. nine – nine – two – six – five – zero – three – four.
8. eighty cents.
9. nineteen ninety–four.
10. one thousand five hundred dollars

✎ EXERCÍCIO 36

(Você pode fazer frases negativas usando **will not** ou **won't**. O mais usual é **won't**.)

1. Tarek won't work next Friday.
2. The tourists won't stay three days there.
3. My sister won't see a doctor tomorrow.
4. I won't study only history.
5. They won't send the letter next week.

✎ EXERCÍCIO 37

(As afirmativas = "will + verbo". As negativas = "won't + verbo".)

1. He won't like the book.
2. She will need money.
3. We will eat pizza at night.
4. I won't watch the movie in the movies.
5. My parents will understand.

✎ EXERCÍCIO 38

(Para formar perguntas, basta posicionar o "will" na frente do sujeito.)

1. Will they listen to the radio?
2. Will he get up early?

3. Will Jack understand?
4. Will we arrive soon?
5. Will it rain later?

✎ EXERCÍCIO 39

1. Will they open tomorrow?
2. Will your father arrive tonight?
3. Will you have English classes tomorrow?
4. Will she believe you?
5. Will your parents come too?

✎ EXERCÍCIO 40

(Seguem aqui sugestões de respostas. As perguntas deste exercício são pessoais, você pode responder de maneira diferente.)

1. Yes, I will get up early. I have to go to work.
2. No, I won't. I will be home.
3. Yes, I will buy it.
4. I think I will eat pasta.
5. Yes, I will wait for you in front of the office.
6. I will stay four days there.
7. No I won't work next Friday.
8. I will visit my sister in her new house.
9. I will meet him at 2.
10. We will watch that new movie starring Will Smith.

✎ EXERCÍCIO 41

1. Will you go to college tomorrow?
2. Will you sell your car this year?
3. What will you eat tonight? ou When will you eat pizza?

4. How will you travel?
5. Will you go to the party?

✎ EXERCÍCIO 42

1. will – see
2. will – rain
3. won't – go
4. they – wear
5. will – answer
6. I – have – do
7. French – fries – orange – juice
8. buy – cat – son
9. headache
10. 475 – 74348291 – 1982

✎ EXERCÍCIO 43

1. b
2. a
3. b
4. b
5. a
6. b
7. a
8. a
9. b
10. a

✎ EXERCÍCIO 44

1. I am happy today.
2. She is young.

3. **We are busy now.** (Adjetivos em inglês não têm gênero nem plural, portanto "busy" pode ser: ocupado(s) ou ocupado(s).)
4. **My father is at home on Friday.**
5. **His book is very expensive.**
6. **We are hungry.**
7. **He is a strong man.** (Em inglês, o adjetivo vem na frente do sujeito: homem forte = strong man.)
8. **It is a nice movie.** (Em português, o sujeito está oculto: "ele" = "o filme"; em inglês, não se pode ocultar o sujeito, a frase começa com o sujeito ou o pronome equivalente, neste caso, "it".)
9. **I like hot tea.**
10. **He wants a big sandwich.**

✎ EXERCÍCIO 45

(O negativo de "is" pode ser "is not" ou pode ser abreviado como "isn't". O negativo de "are" é "are not" ou a forma abreviada "aren't". O negativo de "am" é "am not", que não tem abreviação.)

1. **I am not hungry now.**
2. **They aren't rich.**
3. **She isn't a tall girl.**
4. **We aren't at school.**
5. **The store isn't far from here.**
6. **John isn't a good teacher.**
7. **The milk isn't hot.**
8. **It isn't expensive.**
9. **I am not sad today.**
10. **Mark and Jane aren't at work.**

✎ EXERCÍCIO 46

1. **Is she single?**
2. **Are they difficult?**

3. Is his wife young?
4. Are the cars dirty?
5. Am I right?
6. Is Shelly's daughter a lawyer?
7. Is it a nice movie?
8. Is the food in the oven?
9. Are we good?
10. Is her job interesting?

EXERCÍCIO 47

1. My father is tired today.
2. Are you worried?
3. They aren't old.
4. Is Amanda single?
5. The book isn't difficult.
6. You are good students. ("You" = "você" e "vocês"; "You are" pode ser "você é" ou "vocês são".)
7. I am not at work now.
8. Are they your neighbors?
9. Karen isn't Michael's girlfriend.
10. It is cold today.

(Em inglês não se pode ocultar o sujeito. Por exemplo, em português: "Estou feliz"; em inglês: "I am happy", não se pode ocultar o "I". O mesmo acontece na frase 10. "O clima", ou seja, "ele", está frio. Então: "It is cold".)

EXERCÍCIO 48

1. This is my brother Nick.
2. That woman is his wife.
3. These curtains are beautiful.
4. Is that my book?
5. Those cars aren't reliable.

✎ EXERCÍCIO 49

1. I was tired this morning.
2. She was at work.
3. We were good friends.
4. You were beautiful on Saturday morning.
5. They were Benjamin's friends.

✎ EXERCÍCIO 50

(O negativo de "was" é "was not", que pode ser abreviado: "wasn't". O negativo de "were" é "were not", que pode ser abreviado: "weren't".)

1. I wasn't hungry this morning.
2. My son wasn't in the USA.
3. It wasn't hot last night.
4. The tourists weren't in the hotel in the afternoon.
5. We weren't wrong.
6. The boy wasn't in the bathroom.
7. That house wasn't on sale.
8. These chairs weren't new.
9. It wasn't important
10. The food wasn't really good.

✎ EXERCÍCIO 51

1. The bathroom wasn't clean.
2. It wasn't in the bedroom.
3. This chair wasn't expensive.
4. They weren't in the kitchen.
5. I wasn't cold at night.

✎ EXERCÍCIO 52

1. Was it hot on Sunday?
2. Was the food good?
3. Were they friends?
4. Were you there?
5. Was the passport on the sofa?
6. Was his father rich?
7. Was Kelly's house near the school?
8. Were we at home that day?
9. Was the test easy?
10. Was that her husband?

✎ EXERCÍCIO 53

1. Were you at work yesterday?
2. Was he your teacher?
3. Was the movie good?
4. Was the kitchen big?
5. Were they in the living room?

✎ EXERCÍCIO 54

1. He will be at work in the afternoon.
2. You will be a good student.
3. We will be in the airport on Monday morning.
4. I will be grateful.
5. Their house will be blue.

✎ EXERCÍCIO 55

(O negativo de "will" é "will not", comumente usado na forma abreviada: "won't".)

1. The documents won't be ready today.
2. She won't be the new manager
3. We won't be here in the afternoon.
4. It won't be easy.
5. They won't be happy.

EXERCÍCIO 56

1. Will the kids be hungry?
2. Will it be difficult?
3. Will Julie be at work on Saturday?
4. Will Tim and John be good friends?
5. Will the tourists be outside?

EXERCÍCIO 57

1. There isn't a table in the kitchen.
2. There aren't many trees in the city.
3. There isn't a shopping center downtown.
4. There aren't two cars in the garage.
5. There isn't a holiday this week.

EXERCÍCIO 58

1. There isn't water in the refrigerator.
2. There aren't bears in Brazil.
3. There isn't a garage in this building.
4. There aren't red pens, only blue pens.
5. There isn't any salt in this food.

EXERCÍCIO 59

1. Is there a person in the bathroom?
2. Are there many books in the library?
3. Are there cars in the garage?
4. Is there chocolate in the recipe?
5. Is there a problem?

EXERCÍCIO 60

1. Is there a table in the living room?
2. Are there five bedrooms in the house?
3. Is there food in the oven?
4. Is there a big supermarket near your house?
5. Are there many tourists in the hotel?

EXERCÍCIO 61

(Seguem aqui respostas sugestões. As perguntas deste exercício são pessoais, você pode responder de maneira diferente.)

1. Yes I am a little tired.
2. Yes, it is. I like it very much.
3. No, I wasn't at home. I was in the movies.
4. No, she wasn't a teacher. She was a nurse.
5. Yes, there is a drugstore on the corner.
6. No, there aren't many trees in my neighborhood.
7. Yes, I will be at work tomorrow at 9:00.
8. No, it will be in January.
9. Saturday is my favorite day of the week.
10. I was at Kim's house last night.

✎ EXERCÍCIO 62

1. Are you OK?
2. Are you parents in Europe?
3. Is there a toilet in the 2nd floor?
4. Where will you be on Sunday morning?
5. Are there chairs in room 5?

✎ EXERCÍCIO 63

1. is – not
2. Are – married
3. This – house
4. that – new
5. sister – was – last
6. will – be
7. is – bathroom – this
8. Are – there
9. It – is – hot
10. We – not – hungry

✎ EXERCÍCIO 64

1. b
2. a
3. a
4. b
5. b
6. a
7. b
8. b
9. b
10. a

✎ EXERCÍCIO 65

1. **Are they living in Canada?** (Como é interrogativa, o verbo "are" aparece na frente do sujeito.)
2. **I am drinking tea.**
3. **My boss is talking on the phone.**
4. **The boys aren't playing now.**
5. **The teacher isn't writing on the board.**
6. **I am not working today.**
7. **Are you reading the newspaper?**
8. **Are they listening to the radio?**
9. **Am I doing this right?**
10. **Is he wearing a blue T-shirt?**

✎ EXERCÍCIO 66

1. **I was going to the movies.**
2. **They were asking about you.**
3. **The girl was singing.**
4. **Were you thinking about the meeting?** (Como é uma pergunta, o verbo "were" deve aparecer na frente do sujeito "you".)
5. **We weren't traveling last month.**
6. **I wasn't receiving the e-mails.**
7. **Was your sister talking to the manager?**
8. **He was selling books.**
9. **Were they waiting for you?**
10. **The teacher wasn't reading the text.**

✎ EXERCÍCIO 67

1. **How many brothers does he have?**
2. **How much food do they need?**
3. **I have a lot of friends in Rio.**
4. **There are a few cars on the street.**

5. He bought a lot of meat for the party.
6. There is a little juice in the fridge.
7. How many magazines did you buy?
8. How much salt do you want?
9. **How many dollars do you have?** (Como "dólares" são contáveis, a pergunta foi feita com "How many". Se fosse com o substantivo "money" = "dinheiro", que não é contável, a pergunta seria "**How much money**". Geralmente a palavra "money" é ocultada, então a pergunta fica: "**How much is it?**" = "Quanto é" ou "**How much does it cost**" = "Quanto ele custa?".)
10. How much flour is there in the canister?

✎ EXERCÍCIO 68

1. I can cook well.
2. He can't speak English.
3. Can you drive?
4. We can use my computer.
5. She can't remember.
6. Can your brother help Mike?
7. Amir should study at night.
8. He shouldn't go on foot.
9. You must watch that movie.
10. They might leave today.

✎ EXERCÍCIO 69

1. **a** (Os verbos modais não precisam de outros auxiliares para formar negativas. Eles mesmos fazem isso.)
2. **b** (Os verbos modais não precisam de auxiliares para formar interrogativas. Basta posicioná-los na frente do sujeito.)
3. **b** (Após os verbos modais o verbo aparece sem "to".)
4. **a**

5. **b** ("Can" é "pode" para permissão / proibição; "might" é "poderá", de possibilidade.)
6. **b**
7. **a**
8. **a** (O verbo "know" quer dizer "saber", mas é usado para expressar o que se sabe ou não de informação, como *"I know her name"* = " Eu sei o nome dela" ou *"They don't know the address"* = "Eles não sabem o endereço". Agora, para "sabe" e "não sabe" referindo-se a habilidades, usa-se can / can't.)
9. **a**
10. **a**

✎ EXERCÍCIO 70

1. **I have some blue pens here.**
2. **I don't have any red pens.** ou **I have no red pens.** (A frase é negativa, então usa-se o "any" com o verbo na forma negativa, ou "no" com o verbo na forma afirmativa.)
3. **Do you have any coins with you?**
4. **They want something to drink.**
5. **There isn't anybody in room 7.** ou **There is nobody in room 7.** (A frase é negativa, então usa-se "anybody" com o verbo na forma negativa, ou "nobody" com o verbo na forma afirmativa.)
6. **She lives somewhere near the city hall.**
7. **I don't have anything to say.** ou **I have nothing to say.** (A frase é negativa, então usa-se "anything" com o verbo na forma negativa, ou "nothing" com o verbo na forma afirmativa.)
8. **There is something under the chair.**
9. **I need some money.**
10. **The key isn't anywhere.** ou **The key is nowhere.** (A frase é negativa, então usa-se " anywhere" com o verbo na forma negativa, ou "nowhere" com o verbo na forma afirmativa.)

✎ EXERCÍCIO 71

1. **It's eleven o'clock.**
2. **It's nine o'clock. / It's nine p.m.** (Apesar de se estar vendo o relógio marcar "21:00", no dia a dia as horas são lidas de 1 a 12, portanto se diz "9:00". Há exceções: no exército, aeroporto ou hospital pode-se ouvir a leitura da hora de 1 a 24.)
3. **It's six oh eight. / It's eight past six.**
4. **It's ten fifteen. / It's a quarter past ten.** (Não se diz "It's ten quarter".)
5. **It's one twenty. / It's twenty past one.**
6. **It's two thirty. / It's half past two.** (Não se diz "It's two half".)
7. **It's twelve forty. / It's twenty to one.**
8. **It's five forty-five. / It's a quarter to six.**
9. **It's eight fifty. / It's ten to nine.**
10. **It's ten fifty-five. / It's five to eleven.**

✎ EXERCÍCIO 72

1. **days** (Como antes do "y" tem uma vogal, basta o "s".)
2. **ladies** (Antes do "y" tem uma consoante, então cai o "y" e entra "ies".)
3. **boxes**
4. **buses**
5. **books**
6. **beaches**
7. **wives** (Terminada em "fe", que sai para entrar "ves".)
8. **tomatoes**
9. **countries**
10. **children** (substantivo irregular)

✎ EXERCÍCIO 73

1. **The girls are in the cars.**
2. **Those windows were open** ("open" = aberto / abertos; adjetivos em inglês não têm plural)

3. They don't live in apartments.
4. There are good books on the shelves. ("good" é adjetivo, não tem plural)
5. The children are playing with the puppies.

✎ EXERCÍCIO 74

(Seguem aqui sugestões de respostas. As perguntas deste exercício são pessoais, você pode responder de maneira diferente.)

1. Yes, I am. I am watching the 8 o'clock news.
2. No, I wasn't traveling. I was sick.
3. There are two bathrooms in my house.
4. I have a little, 25.
5. Yes, I can swim very well.
6. No. We can't travel unless we get a visa from the embassy.
7. Yes, there is one chair in my bedroom.
8. It's ten past eleven. (11:10)
9. I go to work at a quarter to eight (7:45).
10. I was painting my son's bedroom.
11. I have two brothers and one sister.
12. I drink a lot of water. More than two liters.
13. You should report it and then ask for another copy.
14. I will arrive there at half past six in the morning. (6:30 a.m.)
15. It's hot and sunny. A beautiful day!

✎ EXERCÍCIO 75

1. Can you play any musical instrument?
2. What are you reading nowadays?
3. How many bottles of juice did you buy?
4. How much sugar do you want?
5. What time do you go to bed?

✎ EXERCÍCIO 76

1. is – talking
2. not – working – was
3. many – students
4. much – did – they
5. pants – white – shirt
6. can – drive – very
7. you – should – home
8. must – be
9. sunny – cold
10. 6:30 – 7:15 – 8:00

✎ EXERCÍCIO 77

1. b
2. a
3. b
4. b
5. b
6. a
7. b
8. b
9. a
10. a

Sobre o autor

Jihad Mohamad Abou Ghouche nasceu em Palmeiras das Missões, Rio Grande do Sul, e aos dez anos se mudou para o Líbano com toda a família. Lá concluiu os ensinos fundamental e médio em uma escola bilíngue (árabe / inglês) e em seguida estudou literatura inglesa e norte-americana. Retornou ao Brasil na década de 1990. Lecionou inglês em uma escola de idiomas e, em 1997, abriu sua própria escola em sociedade com um colega. Inicialmente, era uma escola de ensino de inglês e hoje oferece também cursos de espanhol, italiano, árabe, francês e alemão.

Jihad acumula 18 anos de experiência no ensino de idiomas e já lecionou para alunos de praticamente todas as faixas etárias, dos 4 aos 80 anos. É autor dos livros *Fale árabe em 20 lições* e *Solte a língua em inglês*, publicados pela Disal Editora.

Como acessar o áudio

Todo o vocabulário e exercícios contidos no livro foram gravados por nativos da língua inglesa para que os estudantes ouçam e repitam em voz alta, assim, praticarão *speaking* e *listening*. São várias faixas de áudio que estão disponíveis on-line em plataformas conhecidas ou para serem baixadas e ouvidas em dispositivos pessoais off-line.

On-line: no **YouTube** digite "jihad m. abou ghouche"

Off-line: envie um e-mail para **marketing@disaleditora.com.br** e solicite os links, mencionando o título do seu livro. Receberá todas as faixas para baixar em seus dispositivos.

IMPORTANTE:
Caso você encontre ao longo de seus estudos no livro citações ou referências a CDs, por favor entenda-as como as faixas de áudio acima indicadas.

Este livro foi composto nas fontes Whitman,
Parisine Clair e Bello e impresso em agosto de 2024
pela Gráfica Docuprint, sobre papel offset.